全面捕捉

金 波◎著

儿童叛逆期

Children's Rebellion Period

文汇出版社

图书在版编目 (CIP) 数据

全面捕捉儿童叛逆期 / 金波著 . — 上海 : 文汇出
版社 , 2019.5
ISBN 978-7-5496-2842-1

Ⅰ . ①全… Ⅱ . ①金… Ⅲ . ①儿童心理学 Ⅳ .
① B844.1

中国版本图书馆 CIP 数据核字 (2019) 第 069625 号

全面捕捉儿童叛逆期

著 者 / 金 波
责任编辑 / 戴 铮
装帧设计 / 天之赋设计室

出版发行 / 文匯出版社
上海市威海路 755 号
(邮政编码：200041)

经 销 / 全国新华书店
印 制 / 三河市龙林印务有限公司
版 次 / 2019 年 5 月第 1 版
印 次 / 2019 年 5 月第 1 次印刷
开 本 / 710×1000 1/16
字 数 / 155 千字
印 张 / 15

书 号 / ISBN 978-7-5496-2842-1
定 价 / 38.00 元

前言：写给父母

我们教育孩子的目的，是引导孩子向着有利于自身健康成长的方向发展。孩子的大脑最初就是一张白纸，那么，是为其画上一幅精美的画，还是涂抹几笔简笔画，全靠家长后天的培养。

然而，在这个过程中，有些父母总是习惯于按照自己的意愿去"塑造"孩子，结果导致孩子产生叛逆情绪，形成紧张的亲子关系。于是，父母就抱怨说："我的孩子真不听话呀！"

之所以出现这种专制式的教育问题，是因为在管教孩子时，父母不自觉地把自己的角色换成了领导，而不是孩子最亲近的人。

殊不知，父母养育孩子，领导教育孩子；父母经常带孩子玩，领导经常禁止孩子玩；父母常常让孩子说，领导常常说孩子；父母培养好学的孩子，让孩子永远学不"饱"，领导灌养厌学的孩子，让孩子一灌就"饱"！

孩子喜欢父母而敌视领导，这就是父母和领导的根本区别。

那么，怎样做好父母呢？

做父母，就是把孩子当亲人、当朋友、当平等交流的伙伴来对待。在家庭教育中，具体表现为：既不强迫孩子，也不放任孩子；既不责骂孩子，也不纵容孩子。凡是有利于孩子自立、自主、自我意识和能力发展的事，就坚决去做；凡是违背孩子成长规律的事，坚决不做。

任何极端的教育方式都无法达到目的，家长要坚决避免。

每一位父母都希望能够培养出一个成绩优异、健康快乐的孩子。其实，他们也不愿意扮演领导的角色，可他们并不知道该怎么去做。

本书将教你怎么做好父母，自我审视在培养孩子上的不足。它通过丰富而真实的案例，展示了不同父母对待同一问题的不同表现以及造成的不同结果，分析了产生不同结果的原因，并提出了相关建议。

可以说，本书是提高父母家教能力，展示父母真正职责的"良师益友"。

目　录
Contents

第三章　教孩子：言语多一点，棍棒少一点

当孩子出现问题或犯了错误时，动手打骂还是动口沟通，是考验父母能力的试金石。

第四章　说孩子：欣赏多一点，抱怨少一点

孩子的进步不是一蹴而就的，不管是学习方面的进步，还是为人处世方面的进步，都是一个循序渐进的过程。

第五章 要求孩子：协商多一点，强迫少一点

督促孩子学习或做事，是家长教育孩子的方式之一。然而，孩子天生是贪玩和任性的，当你希望孩子做某件事时，他可能会表现得不积极，或会拖延。

第一章
做家长：态度好一点，管束松一点

日常生活中，许多父母不知不觉就把自己置于"领导"的角色。在孩子面前，他们拥有绝对权威——要么颐指气使，要么任意打骂，不允许孩子不听话，也不允许孩子犯错误。

在父母眼里，孩子就是下属，只有听从他们命令的义务，没有自我做主的权利。他们把爱孩子的全面定义诠释为"管"和"逼"，这种思维显然有欠缺之处。

1. 孩子怕家长，是家教的失败

赵磊是个性格内向的孩子，平时在社区公园玩耍时，经常受其他小朋友欺负，但每次他都把委屈埋在心里，回到家里也不敢告诉父母。

直到有一次，小飞抢赵磊的玩具，赵磊跟他扭打起来，把他的脸抓花了。没过多久，小飞的父母就带着儿子到赵磊家兴师问罪。赵磊妈妈当即责骂了赵磊，并命令他向小飞道歉。

事后，妈妈问赵磊："你为什么要欺负小朋友？"

赵磊嗫嚅了半天才回答："是他老欺负我，我实在气不过才还手的。"

妈妈听了很感意外，继续问："有小朋友欺负你，那你怎么从来不跟妈妈说呀？"

赵磊吞吞吐吐地说："我害怕妈妈和爸爸骂我——你们总是跟我说不能在外面惹是生非，我怕把这件事说出来你们会责罚我。"

妈妈这才知道，原来赵磊受了欺负也不敢声张，是因为怕父母批评他的原因造成的。

案例分析

赵磊会遇到这种问题，其实是因为害怕受到父母批评和惩罚造成的。所以，自己在外面发生了任何事，他都不敢回去跟父母说。在孩子的心目中，遇到了麻烦告诉父母，还不如不告诉的好——告诉了父母，最后即使解决了问题也会受到批评和惩罚。

在现实生活中，许多家庭都存在孩子怕家长的问题。

这些孩子对家长的话不敢不听，也不敢做任何让家长讨厌的行为。这样的孩子就像一个没有地位和自我的奴隶——上一秒，他兴许还在跟自己的小伙伴谈笑风生，然而一见到家长，马上会噤若寒蝉，低头不语，甚至赶紧走开。

面对这样的亲子关系，有的家长不仅不认真反思，反而觉得未尝不可，认为要想在孩子心中树立不可动摇的权威，让孩子不犯错误，就必须让孩子怕自己。有的家长还自鸣得意地说："我的孩子哪敢不听话，只要我哼一声，他就得老老实实的，不敢再说第二句。"

有了这样的教育理念，亲子关系就会变得非常紧张。在孩子小的时候，他或许会怕你，不敢违拗你，但这样做会给他造成一定的心理阴影，使他慢慢躲避你、反感你。一旦有了自主的机会，他还是会选择反抗你。

家长要知道，权威不是单向的，而是包括权力和威信——权力更多地体现在家长对孩子的要求上，而威信却需要孩子赋予。也就是说，你的权威是需要孩子认可和接受的。

家长的权威源于伟大的爱心，以及由此在孩子心目中产生的信任感。有的家长抱怨说："孩子不怕家长，所以才不听话。"实际上，这是一种认识的误区。家长的权威并不是让孩子怕你，而是让孩子信任你、依靠你。家长在孩子面前有无权威，并不是家庭教育必需的。

在亲子间建立一种信任关系很重要，主要是为了家长信任孩子，孩子信任家长。当这种信任关系建立以后，在不知不觉中你就有了"威信"，孩子才有可能听你的话。

所以，家长应该努力让孩子敬爱自己，而不是畏惧自己，这是亲子教育的核心一环。因为，畏惧虽有震慑之效，更多的是让孩子走向危险深渊的助滑剂。而孩子越小，畏惧感越强，危险程度就可能越难以预料。

敬爱与畏惧的区别，是向心力与离心力的区别，是成功与失败的区别，做家长的切不可大意。

应对之策

▲在爱和管教中找到平衡点

方琼虽然读书不多，但在教育孩子方面有自己的一套方法。在邻居的眼里，她对孩子特别"凶"——就是这样一位严厉的妈妈，教育出来的儿子却跟她非常亲密，常常陪她聊天、一起去户外游玩。

有人问她："怎么你经常打孩子，孩子还跟你那么亲呢？现在的孩子别说是打了，就连重话都说不得，弄不好就会离家出走！"

方琼说："我打过孩子不假，可我打孩子是有讲究的，也不会老打孩子。我的经验是：该打就打，不该打就不打。"

原来，方琼家的经济状况并不是很好，但对儿子非常慷慨。她认为，养孩子就是要让孩子享福，吃好的、穿好的，其次才是教他懂道理；家长不仅要做孩子的衣食父母，更要做他行为的督导——先爱孩子，而后教育孩子。

从这个案例来看，方琼虽然教育孩子"粗暴"了一点，但她没有违背家庭教育的原则：宽严相济，该爱就爱，该管就管。

树立权威，而不只是张扬权力，这才是家长应该思考的问题。如果对不听话的孩子只是一打了事，而对孩子的生活不管不问，那么，在孩子的心目中你就成了一位"暴君"，而不是亲人了。

▲ 做孩子的知心朋友

在一些家庭中，总是能听到家长对孩子的呵斥声，甚至打骂声。当孩子做错了事，或没有按家长的要求去做时，家长的抱怨、指责声随之响起，让孩子感到压力很大，以致无所适从。

陈兰的女儿小花8岁了，对于老师布置的家庭作业，她总是要求女儿全部做对。如果没有达到她的要求，她就会立即放下手里的工作，强迫女儿重做。如果女儿还是不能让自己满意，她就非打即骂，还不让女儿出去玩。

面对说一不二的妈妈，小花伤心地哭了，不想再去上学。后来，虽然小花还是天天去上学，可她不在家学习了，回到家就希望快点天黑好睡觉。妈妈让她学习，她居然说："我在学校里本来会学，一回来就不会了。"

陈兰这才意识到问题的严重性，马上改变了母女之间的交流方式。她放下架子，用亲切友好的口气跟女儿交流，比如一起做游戏，一起唱歌，一起比赛做家务——女儿赢了的话，还能得到零花钱。

时间一久，小花就再也不怕妈妈了，甚至给妈妈当起了老师，上起了课，指出妈妈哪些地方做得不好，哪些地方应该注意。对于小花正确的建议，陈兰会积极接受；对于自己不能接受的建议，她就会跟

女儿沟通。母女俩俨然成了一对知心朋友。

所以，聪明的家长决不会以领导的身份或口吻来教育孩子，而是会用师友的关系来跟孩子打交道。

当你放下架子，施以爱心和耐心，用平等的眼光去看待孩子时，你就会发现，其实孩子身上有许多值得你学习的地方。

当你改变了对孩子期望过高的心态，以一种朋友的身份跟他交流时，你就会发现，原来孩子可以跟你交谈的内容有很多。

当你改变居高临下的姿态，用商量的口气跟孩子沟通时，你就会发现，孩子可以与你友好相处，并积极接受你的有益建议。

▲别用"生气"制服孩子

一些家长时刻紧盯着孩子，只要孩子犯一点错误，或者有什么不符合自己要求的举动，就会马上大声制止，但这样做的效果并不好。

如果做家长的一直管制着孩子，孩子一犯错误就发怒吓唬他，只能使性情较弱的孩子变得更加内向、郁闷，严重者还可能患上自闭症。而开朗外向的孩子不仅不会听你的话，反而会故意捣蛋、使坏。

因此，家长要学会控制自己的情绪。如果孩子犯的是无伤大雅的小错，你就装作不知道好了，当孩子自己意识到有问题时，自然会避免重犯。例如，对于低龄儿童，当他伸手抓饭吃的时候，你可以先沉住气，不要马上制止他——因为孩子抓饭吃的后果是把饭大部分弄到饭桌上，所以就吃不饱。当他自己体验过以后，就会意识到抓饭吃不是一个好习惯。

当孩子开始懂事了，你就可以用讲道理的方式来引导他，平时在聊天时有意识地告诉他什么事情可以做，什么事情不可以做；或者把他最近出现的错误行为拿出来分析一下，帮他改正，让他形成正确的是非观。

在引导孩子的过程中，家长心平气和的态度很重要，这样孩子才会耐心听、认真改。

▲对孩子保持微笑

有的家长对孩子总是摆出一副严肃的面孔，特别是对达不到自己要求的孩子，觉得这样做可以保持"权威"，阻止孩子的任性行为。因此，他们从来不对孩子流露微笑，担心这样会使孩子不怕自己，不听自己的话。

殊不知，微笑是一个人内心情感世界的自然流露，它体现的是积极、快乐、自信、友好、关爱、支持、信任和尊重。微笑在家长同孩子的沟通方面所起的作用非同一般，在一个和谐的家庭里，微笑是不可缺少的。

当孩子遇到挫折、偶然犯错误的时候，家长的微笑就如同镇静剂一样，能安抚孩子的心灵，缓解孩子的压力，让孩子感到温暖，从而赢得孩子的心。

观点归纳

① 让孩子敬爱自己，而不是畏惧自己。

② 放下父母的架子，跟孩子做朋友，用孩子喜欢的方式跟他交流。

③ 找到爱和管教的平衡点。

2. 要把孩子当大人对待

这天周末，张成带着 10 岁的儿子铮铮去公园玩，看到一对夫妻正在打排球，铮铮便要求加入进去。看着铮铮抢球拍球玩得高兴，张成夫妇也很开心。

这时候，那对夫妻两三岁的儿子也吵着要打球。张成想：这么小的孩子，身子比球大不了多少，怎么打球？铮铮都 10 岁了，要不是他非争着打不可，也不会让他上场的。

张成正想把那个孩子抱开，不承想，孩子妈妈一把抱起儿子，继续跑着抢球，偶尔也让儿子的小手碰一下球，那个孩子马上高兴地嘎嘎大笑。就这样，张成瞧不上眼的小孩，被当成一个大人加入了打球运动。

看到这里，张成有些惭愧。

原来，昨天傍晚小区操场上有人也在打排球，铮铮兴致勃勃地在场外观看。天色渐晚，这时有一个人离开了球场，铮铮觉得机会来了，跃跃欲试，但他刚走到球场边就被人拒绝了："小孩子家家的，你打不了排球，一边玩儿去！"

铮铮的自尊心受到了伤害，含泪把这件事告诉了爸爸。张成听后并没觉得不妥，他说："你是一个小孩子，抢球时碍手碍脚的，也难怪人家不答应。"

现在，看到这对夫妇是这样培养孩子的，张成不由地深思起来。

案例分析

教育家陶行知写过了一首非常有意思的《小孩歌》："人人都说小孩小，小孩人小心不小，你若以为小孩小，你比小孩还要小。"这首歌虽然明白如话，却蕴含着深刻的道理，值得每一位家长思考。

然而，也有许多家长对此不以为然，因为他们的脑海里有一个传统观念：小孩就是小孩，他懂什么？由于这种认知，家长把孩子统统归入幼稚、单纯、懵懂的行列，根本不把他当成一个有思维和自尊的群体看待。

这种思想在一些家长心中是根深蒂固的，但也是大错特错的。家长应该知道，孩子虽然小，比较单纯，但也跟大人一样，有喜怒哀乐，有尊严，需要他人的尊重。

如果总是以成人的思维去压制孩子，那无异于恃强凌弱、以大欺小。在对待孩子时，家长不仅要蹲下身来把自己当成孩子，也需要直起身来把孩子当大人来对待。一句话：就是要平等对待孩子。

应对之策

▲把孩子当成人去尊重

怎样才能把孩子当成人看待呢？例如，当孩子的考试成绩不是很理想时，家长不要一开口就指责："你是怎么搞的？为什么考得这么差，几门都不及格！"而是要保持平静的心情，先听听孩子的想法。

你也可以这样问孩子："你这次考的成绩不是那么理想，有两门不及格，是不是你不喜欢这两科？是不是老师的教法你不喜欢，听不进去？是不是最近你身体有些疲劳，影响了学习？"

这样从关心孩子的角度出发，跟孩子进行沟通，可以发现考试失误的原因。

在鼓励孩子好好学习的同时，要让孩子明白：要想取得好成绩，背后需要付出努力。不要这样说："你考出好成绩，是在给父母争气。"而要这样说："考出好成绩，会为你自己的人生打下一个非常坚实的基础。"

如果家长从互相尊重的角度出发，跟孩子进行沟通交流，孩子就会受到感染，接受你的意见。

▲尊重孩子的意见

和颜悦色、语气温和，这是家长与孩子沟通的最佳方式。有些家长虽然对孩子倾注了关爱，但对孩子说话仍离不开"训导"这个轴心——语气生硬，不容置疑。

其实，这种训导对孩子是不公平的，应该避免。孩子需要适时地指点，但并不需要居高临下地训导。家长在孩子面前是长者，孩子也需要得到尊重，但真正尊重孩子的家长却不太多。这种单向的尊重，会使孩子永远处在附属地位。

生活中，要想与孩子处在平等的地位，就应学会与孩子共同讨论——当孩子提出了要求，而家长不能满足或不应满足时，千万不要简单粗鲁地拒绝："不行！"

家长提出的要求，孩子不同意时，我们也不应简单粗鲁地采用命令的方式："这事已经决定了！"而要把理由告诉孩子。

▲从人格开始实现平等

要想与孩子做到人格上的平等，家长就要放下长辈的架子，这是亲子平等交流的前提。

有的家长想了解孩子，或者想知道孩子最近学习如何，就以一种命令的口气说："儿子，过来向爸爸汇报一下你最近的学习情况。"有的则说："女儿，过来跟妈妈汇报一下今天在学校里的表现。"

这完全是一种高高在上的口气和做派，孩子虽然服从了，可内心在想："爸妈又要挑我的刺了。""不行，老师批评我的事决不能让妈妈知道！"于是，家长想听到的没听到，孩子想说的没说出口，亲子交流陷入恶性循环的怪圈。

一些家长在潜意识中拒绝接受与孩子地位平等，也就是放不下家长的架子。"我是你亲妈，我不管你谁管你？""我说得不对？我过的桥比你走的路还多呢！"这些传统观念还残留在一些家长的头脑中。

有的家长认为："小孩子能懂啥？我是大人，是长辈，我说的他就得听，我要求的他就得做。"这也是在以居高临下的姿态教育孩子。

孩子需要尊重，但在大人面前，他却没有平等对话的机会，只能被动地接受家长的管束——有话不能说，有意见不敢提，久而久之，自己就是有想法也不愿与家长交流。

▲树立向孩子学习的观念

中国有一句名言："三人行，必有我师。"许多人都是这样认为的，平时也是这样做的。

可是，如果跟孩子在一起，说孩子是家长的老师，有些家长就接受不了了。他们会说："他一个小毛孩懂什么？我还要向他学习？"其实，这是没有真正平等地看待孩子的表现。

实际上，家长在孩子面前虚心一点，不仅能赢得孩子的信任，还能拉近彼此的距离。

在孩子面前，家长如果表现得很虚心，不懂的从不装懂，不确定的知识让孩子查资料核实，这样更能凸显家长诚实的品质，使孩子更加信任你，更愿意同你一起交流。

观点归纳

① 把孩子当作与自己平等交流的对象。

② 在跟孩子相处时，不要把孩子当"孩子"看，而是当作地位平等的朋友。

③ 凡事跟孩子商量，而不是单方面地发号施令。

3. 孩子不是你的下属，别命令他

大李子在谈到自己的教子经验时，津津乐道地说："我教育儿子只有一个字：罚。儿子太淘气，在外面老是惹是生非，在家不听话，成天玩游戏。一开始，我说了不知道多少次，可效果就是不好。

"后来，我一咬牙，下了狠心——他不老实待在家里，我就罚；他不做作业，我也罚；他不听话，我还是罚。而且，我还明文规定，一次作业没按时完成，罚站半个小时；一次考试不及格，罚做家务半天；损坏了自己或同伴的玩具，照价赔偿，从每天的零用钱里扣。罚怕了，他就听话多了。"

看到大李子得意扬扬的样子，有朋友问他："那么，现在孩子跟你的关系怎么样呢？"

听到这话，大李子收敛了刚才得意的表情，叹了口气说："这小子现在见了我就跟老鼠见了猫似的，能躲就躲，能应付就应付，平时根本不搭理我。"

案例分析

像大李子一样，许多家长在提起自己的孩子时，总是不无自豪地说："儿子让我管得可听话了，叫他干什么就干什么。"或者说："我家那丫头听话着呢，她可不敢不守规矩。"言语中，流露出的尽是做家长的权威和成就感。

假如这样问：孩子在你眼里是什么？

家长或答不上来，或感到很奇怪："孩子就是孩子呗，他受家长的管教，读书、做事，表现好就表扬，表现不好就批评。"这样的回答，无疑是把孩子放在被领导和被管教的位置上。

在家庭中，家长和孩子到底是一种什么关系，这是一个值得思考的问题。家长是孩子的长者，这似乎是基本常识，但显然也有不足之处：家长就是一家之主，是管理家庭的领导者。

　　如果只有这个定义，孩子在家里就成了下属，或者是被管教的对象。如果亲子之间只有单纯的管和被管的关系，那么亲情和爱又在哪里呢？亲子之间岂不成了单纯的上下级关系？如果真是这样，哪个孩子会喜欢这样的家长呢？

　　对于大李子的"育儿经验"，其他家长所持的态度分为两种：支持和反对。

　　支持者说：这样教育孩子也未尝不可。常言道："养不教，父之过。""三天不打，上房揭瓦。"当孩子不按大人的要求做事时，惩罚是最起作用的一剂良药——"棍棒底下出孝子"嘛！

　　孩子天生是有野性的，对此如果不加以限制，就会助长他的野性，长大了就会无法无天。限制孩子这种野性的最好方式，就是多管教——试想，有多少淘气的孩子，不是在家长的打骂下变得听话或有所收敛的呢？

　　这些似是而非的观点，只强调家长对孩子的管教作用，却忽视了效果。

　　一个在家长的领导和严加管束氛围中长大的孩子，除了学会屈从外，很难想象是否真的会"学好"。为什么有的孩子在家长面前表现得老实、听话，一到别人面前又表现得无拘无束呢？答案恐怕就是三个字：怕父母！

　　事实证明，一个怕父母的孩子，随着年龄的增长，逆反心理会越来越严重。

　　反对者说：用惩罚这种简单粗暴的方式教育孩子是不可取的。惩罚，是上级对下级采取的管理模式，是执法者对违法者依法实行的管理模式。而做家长的，既不是上级也不是执法者，不能随意采取这样的方法。

教育淘气孩子的根本途径，是榜样的力量、心灵的感化、协商和沟通——从这个教育原则出发，家长和孩子之间是平等的交流关系。只有通过教育和心灵感化的孩子，才能从根本上改变自己的缺点，健康成长。否则，对于家长的管教，孩子只能是口服而心不服。

在提倡现代教育理念的今天，这些反对意见无疑会被大多数人接受。虽然具体操作起来需要耐心和恒心，但教育孩子本身就是一个繁杂的系统工程。

养育孩子确实不容易！

应对之策

▲ 多做朋友，少做领导

与朋友相处时，为什么大家会有说有笑、应对自如呢？是因为大家都是平等的，没有心理负担，想说什么就说什么。虽然朋友之间也会发生争执或矛盾，但最终会在相互妥协或调解下得到解决。

家长也不妨把自己的孩子当作家庭中平等的一员，遇到问题以协商的口气加以解决，如果当时解决不了，就耐心等候时机。亲子之间，如果发生争吵也没关系，只要有利于解决问题就行。

为此，家长要放下架子，不要以长者或恩人的面目跟孩子说话，不要动不动就说："我是你的父母，我生了你、养了你，你就应该听话，为我们争气。"这样的话不仅会让孩子反感，也达不到教育的效果。

当你与孩子产生矛盾时，可以平心静气地告诉孩子："我的话也可能有不对的地方，你不妨说出你的想法，我们交流一下。"你还可以举出许多例子来证明你的观点。

▲不用命令的口气跟孩子说话

一些家长总是喜欢对孩子说："你必须按我说的去做。"或者说："这件事你是绝对不可以做的。"

这种命令式的口气，完全是上级对下级下达指示，有绝对的权威，需要无条件接受，孩子即使有反对意见或不乐意接受也不敢反驳。

表面上来看，孩子是服从了家长的意愿，但从内心来说，他并没有接受你的意见。从长远来看，孩子产生了畏惧心理，不利于他身心发展和自主意识的培养。

▲管孩子，先爱孩子

父母虽然有教育孩子的责任，但在孩子面前，你首先是亲人，是孩子可以依靠的"港湾"。孩子之所以信任父母，是因为父母爱他，父母不仅会为他提供衣食住宿，也会把爱传递给他。

所以，教育孩子首先要让孩子感到父母是真心爱他的。在这个前提下，教育才能产生应有的作用。

爱孩子，就要了解孩子。

有的父母总是认为自己是世界上最了解孩子的人，总是觉得自己对孩子的教育是最正确的。其实，这只是他们的片面认识。因为，只有俯下身子进入孩子的心灵，才能了解孩子在想什么，有什么困难和顾虑，遇到了什么问题等。

▲要求孩子时，先听听他的心声

父母不要以为孩子很单纯，什么都不懂。其实，孩子并不简单，他的心理可能复杂得超出你的想象。对父母的要求，出于畏惧或者无奈，他会把自己的反对意见隐藏起来。

父母在要求孩子做事时，不妨静下心来，让孩子说出自己的想法，然后提出好的建议。当孩子说出自己的想法时，即使说得不对也不要立即反驳，更不要把孩子痛骂一顿，而要与孩子一起分析、探讨，直到他完全接受为止。

孩子如果诚心接受父母的建议，就会用心去做人、做事。

▲做一个温和民主型家长

有人把家长分为六种类型：过分保护型、过分严厉型、过分干涉型、过分放任型、过分溺爱型和温和民主型。其中，温和民主型的家长无疑是最应该提倡的。

做温和民主型的家长，就要营造和谐的家庭氛围，给家庭成员春天般的温暖感觉。为此，对孩子的要求不能过于严苛——一旦孩子没达到既定目标也不要表现得过于激烈，没有任何商量和改正的余地，更不能动不动就施加责罚，甚至打骂。

当然，这并不是说对孩子要采取听之任之的态度，或替孩子担责，把孩子完全保护起来。

做温和民主型的家长，就要真诚地对待孩子。我们不但要把正面情绪呈现给孩子，也不要隐瞒负面情绪——给孩子树立正面的形象，让孩子作为参照是必要的。

如果家长能巧妙地将负面情绪以孩子能接受的方式坦诚相告，或真诚地邀请孩子一起帮助自己克服困难、寻找解决方法，就更能提高

孩子解决问题和处理负面情绪的能力。

观点归纳

① 孩子不是父母的下级，而是需要平等相处的家庭成员。

② 教育孩子，首先要让孩子感受到你的关心和家庭的温暖。

③ 做温和民主型的家长，不做说一不二的父母。

4. 放下威权，你才能建立威信

一位家长抱怨说："做父母的想在孩子面前树立威信很难，有时候我管教他，他不服气，还反驳说这个你不懂、那个你不对，好像父母还不如他，特让人生气又无奈。"

另一位家长也抱怨说："我的儿子从小就顽皮不听话，读了四年级后，家庭作业的难度增加了，有些题我都辅导不了，儿子就觉得我这个妈妈没啥了不起的，在他面前说话的分量也就不如从前了，甚至他还跟我顶嘴，让人很头疼。"

案例分析

做家长的要不要在孩子面前树立威信呢？答案是肯定的。

有威信的家长，才能在孩子面前担当好监护人的角色，赢得孩子的爱戴。有些家长在孩子面前苦口婆心地讲道理，孩子却不以为然。就像上面的两位家长一样，在孩子面前一点威信也树立不起来。

不过，威信不是权威，必须强调二者之间的区别：威信是人的软实力和向心力，而权威则是不可侵犯的个人权力。孩子喜欢自己佩服的人，愿意听从有威信人的教导，而不喜欢发号施令的人。

作为家长而言，威信是孩子对他们的佩服、尊敬与信任，是对父母的客观评价。如果孩子由衷地佩服你的能力，发自内心地崇拜你，认为你是天下最棒的父母，他怎么会不服从你的教育呢？

事实也证明，家长在孩子心中的威信越高，亲子之间的距离就越近，家长的吸引力、向心力也就越高，示范作用也就越大。

如果孩子不听从家长的教诲，不重视家长的话，也与家长教育孩子的态度和方式有很大关系。家长如果以居高临下的姿态教训孩子，孩子当然不爱听；如果家长视孩子为"小太阳"，不敢恩威并用，而是一味恳求孩子学习或做事，孩子也不会尊重和信服家长。

家长对孩子的合理要求建立在威信的基础上，当你在孩子面前具备这种威信时，孩子才会尊重你、听从你的意见。如果你在孩子面前失了威信，孩子就会觉得你的话不值得重视。

应对之策

▲走出树立威信的误区

威信建立在家长与子女彼此尊重和热爱的基础上，是家长在运用恰当的教育方法下自然而然产生的结果。靠不当教育获得的"威信"，是得不到孩子认可的，也不能长久。

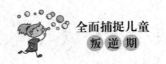
家长要树立自己的威信，就要走出以下教育误区：

（1）过分宠爱孩子

家长不能对孩子过于娇惯，过分迁就孩子，而要给孩子指明努力的方向，再提出具体的要求。相反，家长对孩子的要求一概满足，有求必应——这样会导致孩子任性妄为，形成骄横、执拗的性格，不懂得敬重自己的父母。

（2）实行高压教育

有些家长本着为孩子创造一个光明前途的目的，对孩子过于严苛，动辄会发脾气、责骂孩子，甚至体罚孩子。这样的话，孩子会因为恐惧而表现得唯唯诺诺，生怕挨打挨骂，一直处于恐惧不安的状态中。

（3）疏远孩子

有的家长把孩子交给别人照看或抚养，例如爷爷奶奶、外公外婆或保姆，自己则从不主动亲近孩子，不与孩子交流感情。这样，孩子也就不会了解父母，时间一久，亲子之间的鸿沟就形成了。

（4）在孩子面前自以为是

有的家长无形中把自己当成说一不二的领导，自己让孩子怎么做，孩子就必须怎么做，即使自己说错了，为了维护所谓的长者尊严也要将错就错，让孩子照办。

这样自以为是的家长，不虚心听取孩子的意见，会损害孩子的自尊心和自信心。

（5）对孩子一味地说教

不管孩子爱不爱听，也不管自己说得对不对、当时处在什么样的场合，有些家长总是海阔天空地给孩子灌输所谓的大道理，摆出一副权威的面孔。结果，孩子慢慢地就产生了厌倦情绪，不再听从父母的任何意见。

以上五种错误的教育方法，在教育孩子的过程中既不能树立起父家长的威信，也不利于孩子的健康成长。

▲良好的修养是建立威信的前提

父母的威信，不是靠打骂树立起来的，不是靠疼爱树立起来的，也不是靠反复说教树立起来的——只有在自己的模范行为的感召下，在对子女的热诚帮助中才能真正树立起来。

父母的威信，首先来自自身的素质和修养。

孩子在小时候缺乏辨别力，他的是非标准来自父母的言行，父母是他学习的对象。他对父母生活上的依赖，情感上的亲近，使父母在他的心目中具有很高的权威和吸引力。

随着孩子年龄的增长，他开始形成自己的是非观，识别能力慢慢提高。父母如果存在不道德、不检点的行为，就会伤害孩子纯净明澈的心灵，从而使父母在孩子心目中的形象大大降低，这无形中会影响自己的威信。

如果你是一个缺少修养的人，却要求孩子具备较高的素质；如果你从不尊重不孝敬长辈，却让孩子尊老爱幼；如果你不学无术，却让孩子努力上进；如果你整日无所事事，却让孩子成为一个有理想、有成就的人；如果你总是跟他人发生纠纷、跟邻居矛盾不断，却让孩子学会团结……

孩子凭什么相信你、听从你的话呢？他会认为：你让我怎样做，

你自己却不这样做！如果出现这样的局面，你的威信将一扫而光，孩子甚至会看不起你。

▲敬业精神是赢得孩子信赖的基础

父母是孩子的第一任老师，也是孩子最早的偶像和学习榜样。有事业心、有成就的父母，最让孩子欣赏——孩子会不自觉地把自己的父母当作最优秀的、最成功的人，从而激发自己的自豪感，进而对父母产生信赖。

当孩子对父母的工作不了解或非常好奇时，父母要向孩子说明自己所从事工作的性质、意义和作用。

例如，爸爸是一名医生，可以指着医院进进出出的病人告诉孩子，爸爸的工作可以帮助人们消除病痛；爸爸是一名军人，可以通过讲故事、看电视专题片告诉孩子，爸爸守卫着祖国的大门，无上光荣；妈妈是一位教师，可以指着学生告诉孩子，他们的知识是从妈妈那里学到的。

这样做，会使孩子从心底升起一种对父母所从事工作的崇敬心情，巩固和增强父母在他心目中的威信。

与此同时，父母还要增强自己的敬业精神和职业素养，努力做出成就，用优异的业绩不断向孩子表明：你是一个优秀的、有能力的父母。这不仅能培养孩子创功立业的意识，也能增强孩子对父母的好感和崇敬之情。

▲疼爱和宽容是赢得子女敬重的法宝

家长在孩子的心目中之所以能产生巨大的依赖和信任，源于家长无私的爱心和关怀。如果家长总是以领导的身份对孩子发号施令，孩子将会慢慢地失去这种依赖和信任，使得亲子之间产生鸿沟。

为了避免产生这样的后果，日常教育中，家长在亲子之间要以平等的姿态，用自己所掌握的知识循循教导，使孩子心悦诚服地接受你的建议和指导。慢慢地，孩子就会以你为榜样，自觉地去追求上进。

当然，孩子缺乏生活常识和经验，自我控制和辨识能力差，阅历浅，不可避免地会犯一些错误，走一些弯路。这时，家长应该给以宽容，用孩子可以接受的口气与其交流，以保护他的求知欲和自尊心。帮助他找出原因，让他自觉地改正不足，千万不要主观生硬地责怪他。

此外，既然是平等交流，亲子双方的沟通应该是双向的。如果家长有不当的做法引起孩子对你的埋怨，你不能断然拒绝接受，或觉得面子受损奋起反击，而要虚心接受，认真改正。

能做到这些的话，孩子对你的谅解和大度会非常敬佩和感激，从而增强对你的信赖感。

▲尊重和善待孩子是建立威信的必由之路

有道是，尊重他人才能得到他人的尊重。这是一条恒久不变的做人法则，同样适用于亲子关系——你尊重孩子，孩子自然尊重你。这样你们才会和谐相处，家长的威信自然就树立起来了。

小军的屁股上有一块暗红色的胎记，形状就像一朵小桃花。妈妈觉得这块胎记很有意思，从小就抱着小军在别人面前展示。小军稍大之后，对妈妈的这种行为表现出不满的情绪，常常提出抗议。

妈妈觉得这是孩子害羞，并没在意。可是，随着小军慢慢长大，他表现得越来越反常，发展到一见到客人就躲起来，以拒绝大人的"鉴赏"。

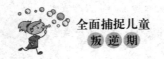

小军屁股上的胎记是个人隐私，如果家长凭借自己的身份任意展示，就是不尊重孩子的表现。

尊重是双向的，如果你认为孩子尊重长辈天经地义，而家长有恩于孩子就可以不必尊重他，这种不对称的认知只会显示自己的傲慢，不会赢得孩子的心。

观点归纳

① 威信是赢得孩子敬重的基础，是获得孩子积极配合的前提条件。

② 减少父母的权威，才能增强在孩子心目中的威信。

③ 提高自身的知识素养和人格魅力，是父母建立威信的必由之路。

5. 请平视你的孩子，别跟他摆架子

爸爸经常出差不在家，娇娇一直由妈妈管教。

这一天，爸爸出差回来，刚在书房里坐下，娇娇就来向爸爸诉苦："爸爸，我多么盼望自己早点长大，到那时我就能当上妈妈了，想怎么着就怎么着。"

爸爸一听，觉得娇娇话里有话，悄悄地问："宝贝女儿，为什么

要这样说，能不能告诉爸爸呀？"

娇娇点点头说："妈妈要求我在周末读书，她自己却躺在沙发上看电视。我听到电视的声音，跑到客厅想看动画片，妈妈就很不高兴地对我说：'让你读书为什么不读？电视是你看的吗？快去你的房间写作业！'

"我不敢不去，虽然我不能看电视，却能听声音，甚至趁妈妈不注意时躲在门缝后面悄悄地看一会儿。她发现我并没认真读书，就逼我画画，如果画不出来就说我偷懒了。我心里就是不服气，凭什么妈妈能看电视，我不能看呢？"

"是啊，不让看喜欢看的电视节目，这确实挺让人难受的。"爸爸安慰女儿说。

"所以，我要是能早点当上妈妈就好了！"娇娇叹了口气，"当上了妈妈，我不仅可以随时看电视，做自己想做的事，还可以在孩子面前摆摆架子，耍耍妈妈的威风！"

显然，娇娇看惯了也受够了妈妈的架子，所以才会这么说。在她的认知中，当妈妈的天生就应该有架子，可以在孩子面前说一不二。

爸爸了解情况后，跟妻子好好地讨论了这个问题。他们最后约定：以后要时刻注意不在娇娇面前端父母的架子，尽量消除权威意识，不给女儿构成任何压力。

一天，妈妈去学校接娇娇，这时老师反映娇娇在课堂上与同学争抢东西。妈妈一听，当时非常生气，要是在以前，她真想狠狠教训娇娇一顿："妈妈平时告诉你的话，你当成耳边风了吗？"但这次她忍住了，想了想，首先向老师道了歉，然后领着娇娇走出了校园。

回家的路上，妈妈问娇娇："娇娇，要是你在家里做作业，爸爸妈妈在一旁看电视，并且把声音放得很大，是不是会影响你学习？"

娇娇说："那当然了，我会批评爸爸妈妈的，让你们别打搅我！"

"这就是说，如果你在上课时抢同学的东西，老师和其他同学也会受到影响，这样做很不好，对吧？"妈妈进一步启发说。

娇娇明白了妈妈的意思，不好意思地说："嗯，我知道了，我不该那样做的。"

妈妈点头微笑着，没再说什么。

回到家里，娇娇悄悄地对爸爸说："爸爸，今天妈妈的脾气可好啦，简直不像过去的妈妈了。"

妈妈的改变，终于赢得了女儿的心。

案例分析

一些家长总是习惯把自己凌驾于孩子之上，视自己为说一不二的领导，视孩子为什么都不懂的小毛孩、被管教的对象。在他人面前，他们或许还表现得谦虚，一旦孩子出错了，立刻端起架子，板起面孔，动辄吼叫、指责和打骂。

要知道，孩子虽然阅历不深、经验有限，但与大人一样，他有自己的自尊和面子。每个孩子都希望父母与自己是平等的、和蔼的家庭成员，是自己的知心朋友和交流沟通的伙伴。

这就要求，新时代的父母要彻底抛弃高高在上、板起面孔说教的架子，变居高临下为与孩子平等相处。

这样，孩子与父母的交流沟通才会没有任何心理障碍，他才会愿意向父母吐露心声，并接受父母的教导，从跟父母的"拗劲"变为愉快合作。

有的家长会说：孩子是我生的，我能给他提供成长的条件，给他指明人生的方向，帮助他应对困难，所以他理应对我俯首帖耳，就算害怕我也没关系。

这话透露出做家长的傲慢，和将自己凌驾于孩子之上的长者心理。许多家长总是埋怨孩子不听话、不好管教，就是不检讨自己在与孩子沟通时所持的态度出现了什么问题。

孩子为什么对同龄人无话不说，并且能够与其友好相处呢？因为，大家彼此是平等的，没有交往的障碍，所以才能愉快地相处。做家长的如果也放下架子，在家庭教育上同孩子平等沟通，还有什么问题不能解决呢？

应对之策

▲以平等的姿态走进孩子的内心世界

生活中，有的孩子一回到家里，不是耷拉着脑袋，就是爱顶撞父母；而一出现在同学或伙伴面前，却眉开眼笑、无话不谈。面对这种现象，做家长的不知道能不能找到其中的原因。

一位心理学家告诫家长："如果你放弃做父母的优越感，你得到孩子的信任和尊敬的机会就更大。"

孩子和父母之间的隔阂，往往是父母亲手造成的。

如果你在处理问题时不把孩子放在眼里，不管自己的决定是对是错都要让孩子全盘接受，孩子能心服口服吗？如果孩子对你的所作所

为并不服气，他怎么会听你的呢？

老实一点的孩子，不顶撞你就罢了，胆大的孩子也许会反问："为什么我做错事要挨打，大人做错事却没人惩罚？就因为你是爸爸妈妈吗？"

所以，要想建立融洽的亲子关系，让孩子尊重你，就要放下家长的所谓架子，以平等的姿态走进孩子的内心世界，成为孩子的朋友。

要让孩子懂理，家长也要讲理，只有让孩子觉得你说得有道理，他才会按你说的去做。家长经常以朋友的身份跟孩子谈心，多交流沟通，就会知道孩子到底在想什么——因为只有了解了孩子，才能知道怎么去教他。

▲用朋友的语气同孩子沟通

小甲放学回到家，妈妈问："今天你在学校里都学了什么？"

"没学什么。"小甲回答。

"那你去学校干什么了？"妈妈生气了。

"我真想不起学什么了。"小甲一边说，一边跑回自己的房间。

小乙放学出了校门口，妈妈高兴地迎了上去，仔细端详着他说："今天在学校里一定过得很快乐吧？"

"嗯！妈妈，我和强强一起搭积木，我们搭了一列小火车，还把一些玩具放进火车的车厢里呢，可好玩了……"

"嗯，听你这么一说，连我都觉得很好玩，可惜我没玩到。"妈妈疼爱地摸了摸儿子的头说道。

"妈妈，下次有机会我和你一块儿玩吧。"小乙高兴地说。

都是孩子放学回来，两位妈妈都想了解当天孩子在学校的情况，结果却相去甚远。这是因为，家长在同孩子说话时使用的语气和技巧大不相同。

小甲妈妈以家长的面目出现，直奔主题，态度严厉；小乙妈妈则以朋友的身份出现，态度亲切、平等，没有一点架子。这是两种截然不同的态度，所以形成了两种截然不同的结果。

▲让孩子了解父母，父母更要了解孩子

做孩子的知心朋友，亲子之间才能无话不说，在协商中找到双方能共同接受的意见。现在独生子女多，很多时候孩子是孤独的，这就要求我们不仅要做父母，更要担当朋友的角色，以分享他的喜怒哀乐。

当孩子游玩的时候，你不妨参与进去，蹲下身，甚至趴在地上，跟他一起玩耍；当孩子取得进步的时候，你不妨跟他一起分享成功的喜悦；当孩子不开心的时候，你不妨真诚而耐心地聆听他的烦恼。

与此同时，你有烦心事的时候，也可以拿出来与孩子一起探讨，让孩子为你出谋划策、排忧解难。

▲做孩子成长中的老师

放下架子做孩子的知心朋友，并不意味着家长要对孩子采取放任的态度，更不是做孩子的"奴仆"——处处让着他、顺从他，甚至求着他。这样的结果，只能让孩子更加看不起你。

家长除了担负着养育子女的责任，更担负着教育、培养孩子的责任——家长不做孩子的"教师爷"，但可以做孩子的恩师。孩子毕竟岁数学小，自我控制力、注意力、观察力都很低，需要有一个逐渐提升的过程。

在孩子成长的过程中，家长要像老师一样正确认识孩子的成长规律，静下心来仔细分析孩子在想什么，应该如何帮助他——耐心地指导、督促他，让他顺利成长。

观点归纳

① 父母要用亲切平等的语气同孩子沟通，而不是居高临下地"审问"孩子。

② 父母要放下家长的架子，以朋友的身份同孩子一起玩、一起交流。

6. 与其做教师爷，不如陪孩子做事

佳佳喜欢探索天文奥秘等科学知识，尤其对星座知识感兴趣，常常在晴朗的晚上要妈妈陪她出去看星空。

妈妈虽然累了困了，很想早点休息，但她十分理解佳佳，从不批评女儿的要求太过分，更不给她泼冷水，而是为女儿小小的年龄就对科学产生如此浓厚的兴趣感到高兴。

于是，不管自己有多累、多困，妈妈都会愉快地满足佳佳的要求，陪女儿站在阳台上，跟女儿一起仰望着星空，讨论一些有关天文知识的问题。

后来，佳佳参加学校组织的天文知识竞赛获得了第一名。妈妈非常高兴："佳佳，今晚的夜空非常晴朗，妈妈陪你一起看星星！"

可以说，妈妈对天文学的爱好，完全是从女儿看星星的兴趣中培养起来的。

案例分析

教育专家曾经发出这样的呼吁："做家长的要多陪陪孩子，无论多么忙都要和孩子一起玩，平等地谈心，不要以为把孩子送到学校就是老师的事情了。当孩子做了不合自己期望的事情时，不要急着马上发火，先听听孩子的理由。"

然而，许多家长都觉得自己没时间陪孩子，也有许多孩子觉得父母并不愿意陪自己。家长不愿意陪孩子，自然有各种各样的理由。

有的家长虽然陪着孩子，但只希望孩子做自己希望做的事情。例如，陪孩子读书学习、上课外辅导班等，至于去参观博物馆、观赏大自然美景之类的事情，常常被家长排除之外，认为那是无聊的事，不阻止孩子就算不错了。

由于家长的错误观念，一些孩子也不希望父母陪在自己身边，因为有父母在身边，不仅不会从父母那里得到赞赏，反而多了一位"监工"，时时刻刻监督着自己的学习和生活。

陪孩子做一些事是很有必要的，家长要记住，陪孩子做事，主要是陪孩子做一些他们喜欢的事，而不是家长自己喜欢的事。这一点很重要。

同时，在陪伴孩子的过程中，家长还要多听孩子的心声，多给孩

子一些肯定和鼓励，这样亲子间的相处才会变得和谐、珍贵，孩子也会更懂事，会更用心体谅父母的立场和辛劳。

应对之策

▲真正关注孩子

陪伴孩子，不仅要求家长与孩子在一起，而且要求家长主动去跟孩子沟通交流，让孩子感到爸爸妈妈是在积极热情地陪伴着他，而不是很勉强和心不在焉的——孩子虽小，也有敏感的心灵，家长"身在曹营心在汉"的表现是瞒不了孩子的。

维妮从小就很聪明，但亲子之间的沟通问题，让妈妈马娜感到很头疼。维妮在6岁时有一段时间非常顽皮，她每天都故意把房间里的各种物品扔到地上，还经常发小脾气，使小性子。

有一天，马娜见维妮又开始"造反"了，就走过去问她："维妮，你又在干什么呢？为什么不老老实实的，非要把房间弄得这么乱你才高兴？"

维妮听了妈妈的话并没停下来，反而当着妈妈的面把桌上的一本书扔到了地上。

"你变本加厉是吗？赶快把书捡起来！"马娜实在是很生气。

"我不捡。"维妮道。

"你就是不听我的话，对吗？"

"对，我就是不听你的话。"维妮毫不示弱。

见女儿这样子，马娜扭头走了。看见妈妈走了，维妮更加忘乎所以，她一会儿大声尖叫，一会儿又把地上的东西捡起来再扔掉。马娜尽力抑制住自己的怒火，就当没看见。

过了一会儿，维妮闹够了自己安静下来，随后伤心地哭了。这时，马娜走进维妮的房间，和蔼地说："孩子，你今天怎么啦？遇到了什么不高兴的事，能不能告诉妈妈呢？"

维妮只顾伤心地哭着，就是不说话。

马娜心生爱怜，把女儿从地上抱了起来，说："维妮，我一直觉得你是个乖孩子，所以你乱扔东西时我没骂你。我想，你之所以这样做，一定是遇到了什么不顺心的事，你能告诉妈妈吗？妈妈也许能帮助你呢。"

维妮听到妈妈这样说，心情似乎好了一些，但仍然在抽泣。

"好了！"马娜接着说，"别哭了，孩子，不管发生了什么事都有解决的办法。你一直这么聪明伶俐，加上妈妈的帮助，你一定能解决自己遇到的问题，对吧？"

维妮突然扑到妈妈的怀里，哭喊道："妈妈，我觉得自己好孤单啊！"

"怎么会呢？妈妈不是天天跟你在一起吗？"马娜不解地说。

"可是，你总是不搭理我，整天就知道在书房里写字，你一点儿也不在乎我……"

原来如此，由于这段时间工作比较忙，马娜有很多策划文案要写，所以没有像平时那样陪女儿。

"女儿，你可不要那么想。妈妈最在乎、最爱的就是你，你是妈妈的宝贝对不对？这段时间妈妈确实比较忙，忽视了你，等忙完这一阵子妈妈就陪你玩。不过，现在你是一个懂事的孩子，也要理解妈妈

呀——妈妈需要工作，不能老是陪着你，懂了吗？"

自从马娜让维妮知道自己仍然爱她后，她就再也没故意捣乱过。有时候，马娜在工作之余去她的房间看一看，她也会说："妈妈，你去忙你的吧，我在学画画呢。"

可见，孩子并不会无理地要求父母一直陪伴自己，如果父母确实有自己的事情要做，他也会乖乖地等待——只要父母没忘记他，在空闲的时候去陪陪他，跟他聊聊，他就满足了。

你看，孩子的要求真的很简单，作为父母，你为什么就不能满足他呢？

▲捕捉孩子的每一点快乐

孩子是很容易满足的，时常会为自己感到快乐的事而高兴。家长要学会捕捉孩子的每一点快乐，不要在孩子快乐的时候打搅他，而应该同他一起分享快乐。

例如，当孩子看动画片看得哈哈大笑时，当孩子玩积木游戏累得满头大汗时，当孩子聚精会神地画画时，你不要粗暴地打断孩子，让他"赶快去做作业"，而要静静地陪他坐一会儿，跟他一起欢笑。

▲爸爸不要缺席

尽管爸爸是家庭的经济支柱，工作繁忙，甚至经常不在家，但这不能成为爸爸不陪孩子的理由。在繁忙的工作之余，爸爸也要抽时间陪伴孩子，与孩子一起玩、一起分享快乐的事。这不仅是孩子的情感需要，也是孩子养成良好性格的需要。

爸爸的缺席，对孩子的成长是有影响的。孩子也有感情的需要，他不仅需要爸爸提供物质保证，更需要爸爸的陪伴。

如果爸爸仅仅把自己定位为家庭经济来源的支柱，只知道挣钱养家，孩子在心中就会产生对爸爸的"怨恨"，这种情绪不利于维持亲子之间的正常关系。

明智的爸爸，再忙也应该多留一些时间给孩子，陪孩子一起玩耍和学习，陪孩子一起成长。

▲陪伴不是监督

陈序是一个很爱孩子的父亲，从陈东出生后，他就坚持陪伴着。例如，当陈东与小伙伴玩的时候，他就在旁边看着孩子玩；当陈东要学习的时候，他就把电视关掉，坐在旁边陪着陈东学习；当陈东睡觉的时候，他还给陈东规定好起床时间，好让孩子早起复习功课。

在陈序的努力下，陈东的成绩在班里始终名列前茅，这成为他津津乐道的话题，他自己也引以为豪。

但是，在一次快要参加期末考试时，陈东却突然玩起了失踪。陈序好不容易找到了陈东，问他"失踪"的原因，他这样回答："爸爸对我的爱太沉重了，我感觉自己总是被你监视着，一不小心就会做不好。我很害怕这次考不了好成绩，让你失望。"

陈序的本意是陪着儿子成长，可他看孩子看得太紧了，不知不觉中扮演了"监工"的角色——他一直监督着儿子，生怕儿子做出一些不正常的行为。这种监督，无疑让孩子的心理承受了巨大的压力。

孩子并不需要这样的"陪伴"，他需要自由自在的成长空间。

明智的家长，应该在孩子需要的时候去陪伴孩子；当孩子忙自己的事情时，家长则应该给予孩子充分的自由，让孩子自己安排时间。这样，每个人都有了自己的空间，相处起来才会比较融洽，对培养孩

子的独立品格也大有好处。

观点归纳

① 时时关注孩子，不要让他感到孤单。

② 再忙，也要抽时间陪孩子玩耍和学习。

③ 陪伴孩子，但不要让他有被监视的感觉。

7. 像尊重他人一样去尊重自己的孩子

成奂的爸爸是一名教师，他对成奂寄予了很大的期望，一心要把儿子培养成音乐家。为此，他经常有意让儿子听音乐，亲自教儿子练声学琴，甚至还经常为儿子举行家庭音乐会——他希望通过这些方式熏陶儿子的音乐细胞。

尽管费了不少工夫，结果却不尽如人意。爸爸失望地发现，成奂的音乐水平并没多大长进，而且学琴时心不在焉，放学后还经常不知去向，很晚才回家。他根本没把学琴当一回事，甚至有些厌倦。

因此，爸爸对成奂真的是恨铁不成钢。

一天，爸爸来到成奂所在的学校，看到成奂趴在活动室的窗台上目不转睛地往教室里面看着同学在练体操，然后又跑到操场的沙滩上翻起筋斗来。爸爸走过去抱住成奂问道："奂奂，你想练体操吗？"

成奂用力点了点头说："是的，爸爸，让我练体操吧！"

看着儿子那期待的目光，爸爸陷入了沉思。此时，爸爸的心情不免有些伤心，他一辈子梦想当音乐家，始终没能如愿，只能把希望寄托在孩子身上——没承想，儿子的兴趣根本不在音乐上面。

如今，美梦虽然破灭了，但爸爸并没绝望，因为他明白，与其拉牛上树，不如放之青山。于是，他一拍大腿，说："好，我支持你学体操。"

后来，成奂果然成了学校的"体操明星"，获得了全市体育比赛少年组体操冠军。有人问他为什么会取得这么好的成绩，他毫不犹豫地说："我要感谢我的爸爸，没有他的理解和支持，就没有今天的我！"

案例分析

假如成奂的爸爸当初没有放弃初衷，而一味地坚持让孩子学音乐，那么，结果可能就是：社会多了一个三流的音乐工作者，少了一名优秀的体操运动员。

在培养孩子的兴趣上，家长一定要尊重孩子的选择——只有理解和支持孩子感兴趣的事情，才能激起他无穷无尽的求知欲和创造力。

人与人之间需要相互尊重，这是正常人际交往的前提。

许多家长都懂得相互尊重的道理，但是一旦用于亲子之间，他们就表现得不佳了。因为，在他们的意识中，孩子是自己的晚辈，自己是生他养他的父母，尊不尊重他没关系。

持这种观点的家长，仍然是权威意识在作怪。

也有家长认为需要尊重自己的孩子，可是在日常生活中，他们会经常打断孩子的说话、拆开孩子的信函、偷听孩子跟同学的电话、偷看孩子的日记、对孩子呼来唤去……他们甚至不觉得这样做是不尊重孩子的表现，而是管教孩子的必要手段。

孩子如果感到自己被人尊重，才有可能学会自尊并尊重他人，而自尊和尊重他人是孩子养成健康人格的前提。由于孩子还不成熟，自尊心往往处于萌芽状态，特别容易受到伤害，而一旦受到伤害，他便会用诸多的"不听话"来进行对抗。

一些家长不能适应孩子的成长，始终把孩子看成自己庇护的对象，大小事都要替孩子做主。当孩子有了不同的意见时，他们的反应是绝对不能接受："是不是你的翅膀硬了，就不把爸爸妈妈放在眼里了？就敢自作主张了？"

在孩子还小的时候，家长理应给予他关怀、教育、传播知识和人生智慧等，帮助他更好地成长。但是，这绝对不意味着家长就是孩子的主人，孩子就是家长的所有物。

我们不妨这样理解亲子关系：孩子不过是过客，迟早会离开父母。父母的责任是照顾他、关怀他，帮助他健康成长，使其自立于社会，而不能任意对其使唤、打骂。如果父母既不尊重孩子的基本人格，也不尊重孩子的感受，最后孩子也不会尊重自己的父母。

所以，家长应有保护孩子自尊心的意识，给孩子足够的尊重。家长是否尊重孩子，将对孩子一生的发展起到非常重要的作用。

应对之策

▲不管孩子做得怎样，都要无条件接纳他

面对顽皮成性的孩子，一些家长总是缺乏耐心，气愤之极脱口就骂："我怎么养了你这样不听话的孩子！""出去，别来打扰我工作！"这样的口气完全带着一种厌烦的情绪。

虽然这样的话多是气话，但在孩子心目中会产生"父母讨厌我了""父母不要我了"的印象，他的自尊心就会受到伤害。

一些家长在孩子的教育问题上有许多的随意性——随便使唤，不分场合地任意批评。殊不知，这样做会让孩子对家长反感，产生抵触情绪。

孩子也需要父母的关心，他也想跟父母像朋友一样相处，也希望获得大人的尊重。因此，多关心孩子的学习和成长，少训斥或打骂，跟孩子做朋友，这样才会赢得孩子的心。

不管孩子是否淘气，或能否达到家长的期望，都要无条件地接纳他。所谓接纳孩子，就是不管孩子是否令人满意，是否让家长生气，都要把他当作自己的宝贝，当作自己教育和关心的对象，而不能表露出任何厌烦的情绪。

▲批评孩子，不要使用羞辱性语言

孩子不管做错了什么事，家长都不要用羞辱的语言进行谩骂，什么"你真笨""你简直无可救药""你除了吃还会什么"，这些有损人格的话要坚决杜绝。如果孩子做错了事，批评孩子要就事论事，不能涉及他的人格。

例如，当孩子在外面惹了事后，你可以对他说："你今天做的事让我很伤心，这不仅丢了你的书包，也丢了我的面子……"

你不要这样说："你是个傻瓜吗？你做出这种可笑的事，简直蠢到极点了……"这样带有侮辱性的语气，不仅会损害孩子的人格，也会让孩子陷入自卑的泥潭，从而产生抵触情绪。

▲尊重孩子合理的决定

对于孩子的某些决定，只要是合理的、可行的，家长要尽量予以尊重，予以肯定和支持。当孩子得到你的同意时，他感觉自己受到了尊重，进而会充满信心和勇气。

同样，家长在决定做某事，特别是与孩子有关的事时，也要积极向孩子征求意见，听取孩子的建议。例如，当你决定给孩子买一些辅导书或一个书包时，不妨询问孩子的意见："我要去书店为你买书，你喜欢哪类书呢？""我想给你买一个新书包，你有哪些要求呢？"

你征求孩子的意见，孩子就会感觉自己受到了尊重，从而会积极地与你商讨这件事。

▲尊重孩子的喜好和兴趣

在今天这个多姿多彩的时代里，人的兴趣爱好得到了较为充分的发展，其中孩子的兴趣爱好也是丰富多彩的——孩子的选择，未必一定要让家长满意；而家长的选择，孩子也未必会接受。

在这种情况下，家长首先要尊重孩子的兴趣爱好——即使孩子的这种兴趣爱好可能与家长的期望有差距，但只要是正当的，家长就应该尊重。

因为，孩子在做自己喜欢的事情时，他的创造力和潜力才有可能得到充分的发挥，他的认真、专注、持之以恒的习惯和意志、品质也可以得到锻炼，这十分有利于孩子的成长。

如果家长非要孩子放弃他自己的兴趣爱好，转而按他们安排的路线走，孩子就算勉强同意了，也不会取得多大的成就。因为，他压根儿就不愿那样去做，到头来还是害了他。

观点归纳

① 把孩子当作一个独立的个体来尊重，而不要视孩子为自己想怎样对待就怎样对待的玩偶。

② 在孩子面前不要有自以为是或妄自尊大的表现，要尊重孩子的想法或决定。

第二章
管孩子：自由多一点，限制少一点

在家教问题上，有"放养"和"圈养"之说。所谓放养，就是少限制孩子，多给孩子自由、自主的空间；与之相对的，就是所谓的圈养了。那么，培养孩子到底是"放养"好，还是"圈养"好呢？

"放养"孩子，可以培养孩子参与人际交往和独立生活的能力，而"圈养"则限制了孩子个性的发展和适应社会的能力，培养的只能是温室里的花朵。所以，在保证孩子人身安全的前提下，放养比圈养更有效。

1. 正面管教孩子，不要限制他

平平放学回家后感觉很累，就想先休息一会儿然后再做作业。没想到，他刚躺下，爸爸就来一句："平平，晚上10点半之前不准睡觉，抓紧时间学习，这是我给你定的规矩！"

爸爸不容分说地把平平拉起来，平平只得强打起精神看书学习。可此刻，他的大脑就像一锅糨糊，根本看不进书、写不下去字。

平时，爸爸就是这样在平平面前说一不二的，而且还有句口头禅："你是我的孩子，难道我还管不了你？"

为此，平平在爸爸面前从来都少言寡语，甚至有些畏惧。尤其让平平感到不舒服的是，学校就在他家附近，父母还要坚持每天接送他，这让他在同学面前很没面子，感觉自己是一个被父母严格看管的对象。

案例分析

像平平这样被家长严加管教、很少有自主权的孩子，在现实生活中也不在少数。有些家长以爱的名义在生活中处处给孩子设限，告诉孩子这也不行、那也不准，必须怎样做，甚至孩子的小事情都要亲自过问，有一点不如意就大加训斥。

殊不知，孩子也想拥有自由的空间，希望自己的事情自己做主。如果将心比心就会发现，孩子的这种需求完全合情合理。

家长以为过多的干涉是关心和爱护孩子的表现，是自己的职责所在。然而，对孩子过多地干预、设限，会使孩子没有了自由、自主的生活空间，身心压力增大。为了释放压力，孩子就只能选择与父母对抗，对父母的劝说和忠告充耳不闻。

据报道，有一个离家出走的孩子这样说："他们（父母）一切都给我安排好了，我在家里就像一个木偶，一点自由都没有。他们越是爱管我，我就越要做出他们不喜欢的事情，看他们怎么管！"

孩子本来就是好动的，这是他渴望自由的天性决定的。父母对孩子看管得过紧，违背了他的天性，在这种情况下，他只能想方设法地去冲破父母强加的藩篱。

这就像被关在动物园笼子里的老虎，不管给它什么好吃好喝的，给它创造多么安全舒服的条件，它永远都是躁动不安的。

自由的天地才是强者生存的土壤，为了自由，老虎宁愿在险象环生的环境中生活，也不愿享受"笼子里的富贵"。家长要想把孩子培养成生活的强者、未来的成功者，就应该多给他一些自由的空间，让他自己决定一些事情。

一位心理学家说："对子女督促过严的父母，也许可以逼使孩子养成良好的习惯，但也会使子女产生不安、依赖、胆怯、敢怒不敢言、不爱动脑的缺点，以及不喜欢参加有创造性的活动等问题。比较起来，这种教养方法是得不偿失的。"

这番话，很值得每位家长去反思。当然，对孩子管教过严不可取，而管教过松同样不可取。

如果家长对孩子采取放任的态度，任其"自生自灭"，抱着孩子爱咋样就咋样的态度，会使孩子养成无拘无束的散漫习惯，久而久之，他就会缺乏自制力，没有是非观念，对各种诱惑缺少辨别能力，最后没准会走向歧途。

应对之策

▲不给孩子硬性指令

家长不要包办孩子的一切，凡事都替孩子做主，而应该放宽对孩子的限制，让孩子有一定的自主权。如果家长管得太死，处处给孩子下达硬性指令，然后靠不停地唠叨来督促孩子，那样的效果很不好。

如果你想让孩子收拾自己的房间，千万不能对孩子这样说："晚饭前，你必须把自己的猪窝收拾干净！"这样的硬性指令多半不会被孩子接受，即使你反复催促也达不到想要的效果。

如果你这样对孩子说："儿子，晚饭前你要是有空的话，就把自己的房间好好收拾一下吧。"这样的话至少不会让孩子反感，等于给了孩子自己动手的时间，多半会达到预期的效果。

孩子对自己愿意做的事会有积极性和兴趣，自然不需要父母时时催促和提醒。

▲避免事事叮嘱

有道是，好话要说到点子上，而不是多多益善。有的家长对孩子讲话虽然在理，但也啰唆，让孩子听得直捂耳朵，这样导致的结果是——家长为孩子不听话而生气，孩子为家长啰唆而心烦不已，难以

静下心来学习。

虽然家长对孩子的学习、生活进行管教是必要的，但要注意方式方法。例如，在要求孩子时，家长要尽量用简洁的、孩子可以听懂的语言把事情的前因后果讲清楚，并提出具体的建议，让孩子真正明白你说的意思，并允许孩子提出自己的想法，然后再去做。

▲只盯着孩子的缺点不可取

有些家长吝啬赞美的语言，比如对孩子的好成绩不发表看法，认为那是孩子应该做到的。而一旦孩子有了什么错误，他们就没完没了地指责，要么放大缺点，要么上纲上线。

实际上，大多数孩子是能够分辨是非善恶的，对自己的缺点也知道改正，只是缺少改正缺点的自觉性和毅力而已。

孩子本来就对自己的缺点心烦不已，如果父母再喋喋不休地进行数落，反反复复地唠叨不已，比如"我告诉你这么做你就是不听""怎么说你才能改呢"，孩子就会视之为父母不信任自己，可能会产生逆反心理。

▲对孩子进行指导，而不是唠叨

指导不是唠叨。唠叨的话往往含有责怪、批评的意思，是一种反复的、单调的言语刺激，不仅孩子不爱听，大人也不爱听。

指导则是使用亲切的、言简意赅的语言给孩子指明方向，因为指导性语言能启发孩子的独立思考意识，帮助孩子处理遇到的问题、克服困难，使孩子的情绪保持稳定，内心舒畅。

是唠叨还是指导，就看家长的说话技巧了。

聪明的家长从不去规定孩子应该做什么，不应该做什么，而是会放手让孩子自己去做。如果孩子做得不好，他们会耐心地帮他分析原因，鼓励他不要灰心，尽力而为。这就是指导的效果。

观点归纳

① 正面管教孩子，既要严也要松，所谓宽严相济。

② 教育孩子，不要事事唠叨，而要适当指导。

③ 不要对孩子发出硬性指令。

2. 不要以爱的名义控制孩子

玲玲个子不高，身材稍胖，枯黄的头发披散在肩上，一看就不属于活泼好动的小女孩。

玲玲性格内向，刚上小学一年级就不喜欢读书了，经常趁父母不在，骗保姆给自己请病假待在家里看动画片、睡觉。她也不愿跟家人交流，要是父母主动说她，她还会又哭又闹。

亲戚朋友都替玲玲着急，并且追问是什么原因让她变成如此模样。原来，玲玲的父母一直忙于做生意，没时间照顾她，从小就送到亲戚家里寄养，一直到该上学了才被接回来。即使这样，父母还是没时间照顾她，为她雇了个保姆。

爸爸非常严肃，经常严厉批评玲玲的过错。妈妈虽然不像爸爸那

样严厉，却经常指着她的作业说三道四。由于她还不太爱讲卫生，妈妈每天让保姆盯着她是不是洗手了，以及有没有按时洗澡。

为了玲玲的安全起见，每天父母都让保姆接送她上学，放学后也不让她出去跟同学玩，出去时都由保姆陪着。

在玲玲的记忆中，大人都很严厉，个个板着面孔，跟她说话的语气也不和蔼。时间长了，她跟大人说话就变得很紧张，这使得她越来越胆小谨慎。保姆对清洁工作的专注，也使得她渐渐觉得自己不讲卫生，是一个自制力很差的孩子。

就这样，玲玲越来越孤僻，不爱说话，没有玩伴，在学校里独来独往，老师和同学都不太喜欢她。

案例分析

玲玲在父母的影响下处处受到管制，对父母来说，这是出于对孩子的爱和保护；而对玲玲来说，则是人身自由受到了限制。

玲玲的故事再次证明，硬性管制教育不会培养出优秀的孩子。

做父母的不仅要生养孩子，还要教育孩子，教孩子掌握生存技能以适应未来的社会，成为一个成功人士。为此，父母要给孩子各种锻炼的机会，让他体验生活中的酸甜苦辣，让他感悟世间的真善美，从而认识社会上的人和事，获得适应社会的生存能力。这些都离不开父母的悉心培养。

大自然的生存法则是优胜劣汰，这个法则同样适合人类社会。所不同的是，孩子的妈妈做不到像动物妈妈那样"残忍"，不可能把自己的孩子赶出去，在残酷无情的森林法则的支配下自生自灭。

父母一生甘愿为儿女遮风挡雨，忍辱负重，做什么牺牲也在所不惜。当孩子成年后可以独立生活了，父母依然会像对待小孩子一样放不开手，时刻关怀、保护着自己的孩子。

所以，一旦孩子有了独立意识，父母就会给孩子贴上叛逆、反抗的标签，说孩子长大了、翅膀硬了就如何如何，以此指责孩子不听话。结果，很多孩子由于被父母包办了一切，自己要是有什么独立自主的苗头出现，就感觉有点对不起父母。他被父母人为地延长了"喂养期"，害怕走出家庭、承担责任，因而拒绝长大。

试想，这样的孩子一旦走向社会，能适应社会竞争的法则吗？

每个人一生都有两次断乳期：第一次是父母主动断乳，第二次是到了青春期，要渐渐脱离父母的庇护走进社会。

第一次断乳是父母主动的，而孩子往往不愿意；第二次拒绝断乳的却是父母，他们害怕分离，害怕失去对孩子的控制。当孩子要走出家庭，或有了自己不同的观点和要求时，父母不愿承认自己的"失控"，却把罪名强加在孩子身上。

没有距离的爱，没有界限的感情，最容易造成伤害，有些父母就是以这种"爱"的名义伤人的。对此，为人父为人母的你是不是意识到了这点呢？

应对之策

▲弄懂爱的真正含义

曾有一位教育专家指出："爱孩子，是连母鸡也会的事情。家长重点要做的是，要为孩子的成长创造一个优良的环境。"

爱孩子，并不意味着为孩子包办一切。首先，孩子是一个独立的个体，将来会独自面对世界、面对生活，所以，家长培养孩子的生存能力很重要。爱与独立并不矛盾，但如果能把孩子培养得具有强大的生存能力，才是真爱的最佳体现。

爱孩子，并不意味着孩子需要什么就给什么，给孩子一个自由成长的空间和所需要的精神养料才是最重要的。

爱孩子，不能剥夺他自我发展的机会。因此，家长不能过分地管束孩子，而要让孩子在广阔的天地里去锻炼，去学会如何应付一切困难和危险的局面，这样才能培养孩子拥有能够克服困难、迎接人生各种挑战的能力。

▲提前培养孩子的自立能力

罗罗在家里一直是衣来伸手、饭来张口，事事都会有父母替他料理好。等罗罗上了小学后，妈妈担心孩子到了学校该怎么办，因为老师不可能随时陪伴他；还有，在家里，自己一般给孩子用坐盆解决大小便问题，而现在的学校里统一是蹲坑，这可怎么办？

罗罗妈妈的担心说明了一个问题，如果不教给孩子自理能力，孩子就不会真正地长大。

在家里过惯了包办生活的孩子，一旦进入集体中，睡觉、穿衣、如厕、洗手、吃饭等生活中的各种问题就会一一浮现出来。如果孩子的自立生活能力差，不仅生活中会有不便，心理上也会形成挫败感和不安的情绪。

为此，在孩子很小的时候，父母就要教会他自行解决生活中的问题，如学会提出"我要小便""我饿了"的要求，并且养成定时排便习惯，以防止在适应过程中出现憋尿、憋便的情况。

此外，提早培养孩子端碗、夹筷、系扣、洗手等生活能力也很重要。

▲让孩子逐渐脱离家长进入新角色

天天今年 6 岁了，性格一直内向，不太喜欢跟别的小朋友玩，哪怕碰到熟人也总是躲在大人身后，不敢亲近对方，对不熟悉的人更是会避而远之。

培养孩子的独立性，是逐渐解除对孩子管制的前提条件。孩子在上学前一直生活在家庭里，离不开家长，而走向学校则是孩子脱离家长的第一步。这是一个具有挑战性的转折，因为学校是陌生的环境，能给孩子走向独立的最初体验。

在这种环境中，孩子会面对陌生的人和事，经常被陌生感和不安全感包围，从而紧张不安。想要解决这个问题，家长就要设法让孩子自己去逐渐适应。

例如，在幼儿园时期就给孩子多办"亲子班"或"半日亲子"，家长可以陪伴孩子一起参加游戏等活动，使孩子逐渐脱离家长进入新角色。但家长在帮助孩子适应的过程中，遇到问题要客观面对，不要过分娇惯孩子。

让孩子多走出家庭，获得"放生"的环境，接触更多的伙伴，建立更多的良性情感体验，这样会使孩子更易融入新环境中。

▲放手让孩子做事

孩子是好动的，总会模仿大人做事，这时家长不能阻拦而要鼓励他。这是放手让孩子锻炼生活能力的机会，不要怕孩子做不好，也不

要对他的失败加以责备，甚至嘲笑。

只要是孩子自主做的事，只要他付出了努力，无论结果怎样，都要给予积极的认可和热情的赞许，让孩子满怀信心、再接再厉——让孩子产生"我能"的信念，而这种自我感觉良好的心态是孩子走向独立的动力。

如果孩子做的事并不如意，甚至完全失败，千万不要打击孩子的积极性："我说你不行吧，就会逞能！"这样的话很伤孩子的心，家长要十分注意。此外，家长更不要替孩子代劳一些事情。

如果孩子执意去做那些难度较大的事，家长仍要鼓励他，并适当地进行帮助。这样会提高他的积极性，增强他的自信心，增加他的锻炼机会，为他早日独立打下基础。

▲相信孩子能把事做好

一天，天宇妈妈的朋友梅蓝来家做客。吃完饭，6岁的天宇像往常一样站起身收拾碗筷，梅蓝见了要起身帮忙，天宇妈妈却拦住她，说："没事，收拾碗筷对我们家天宇来说简直就是小菜一碟，他可以做得很好。"

天宇听后，抿住嘴干得更起劲了，他把碗筷都端到厨房后，还拿抹布擦起了桌子。梅蓝见状，连连责怪天宇妈妈："你胆子也太大了吧？不怕他把碗打碎了？到时划破了手可不得了！"

天宇妈妈笑了，她告诉梅蓝，一开始天宇主动要求这样干时，自己也担心他会把碗摔碎。不过，一次晚饭后，她问天宇："儿子，你们老师告诉妈妈，说你在幼儿园是个特别能干的孩子，更是老师的好帮手，你能做妈妈的好帮手收拾碗筷吗？"

听到妈妈的话后，天宇用双手紧紧地捧着碗，一步一步小心翼翼地走向了厨房。看着瓷碗安然无恙地"到达"厨房，妈妈这才松了一口气，那一刻也让她相信，大胆放手后可以看到孩子更棒的一面。

天宇妈妈的一番话，让梅蓝深受启发。

很多家长之所以过度保护孩子，是因为对孩子缺少信心，害怕他把事做错，于是越俎代庖。就像不少家长对孩子的起居照顾得无微不至，从起床、吃饭到上学、做功课，样样都会替孩子想到前头，就像一个生活秘书一样事事替孩子准备。

其实，孩子是希望父母信赖他的。当家长信赖孩子并大胆地放手时，孩子才有摸爬滚打的勇气和机会，才会逐渐成长为独立的、有能力的个体。

▲允许孩子面对"危险"

妈妈向儿子诺诺许诺，如果在这次期末考试中他能考到前五名，假期里就带他去看大海，在海边玩个够。

诺诺为了能去海边玩，每天都刻苦复习，终于在期末考试中取得了第三名的好成绩。为此，妈妈特意请了一周假，带诺诺去看大海。那天，他们来到海边，诺诺开心得又蹦又跳，一会儿玩沙子，一会儿又跑去拾贝壳，玩得不亦乐乎。

附近还有很多跟着家长一起来玩的孩子，诺诺很快跟他们玩到了一起。不一会儿，一群孩子都脱下了鞋子，光着脚走进浅水里嬉戏。诺诺妈妈并没有阻拦儿子，只是看着他在海边玩。

这时，一个刚来的小女孩看见小朋友都在浅水里玩，就想跟他们一起玩，准备脱鞋子下水。这时，女孩妈妈大叫着把孩子拉了回来，

吼叫道："不准玩水，那多危险啊！"小女孩只好垂头丧气地跟着妈妈走了，还时不时地回头看在海边嬉戏的小伙伴们。

家长在生活中不要把所有的路都为孩子铺好，而要给孩子锻炼的机会，要跟孩子一起去面对困难和危险，让孩子从哪里跌倒就从哪里爬起来。

家长不让孩子独立应对困难和危险是违背孩子天性的。危险无处不在，现在的孩子如果没有单独应付困难和危险的能力，将会失去生存的价值，最终被社会淘汰。

为此，家长要改变自己对孩子照顾得无微不至的做法，而要做好孩子的向导，告诉孩子应该怎样独立面对困难和危险。

▲不要过多干涉孩子的事

双休日，旺旺喜欢跟着妈妈外出游玩。这次妈妈带他去了公园里的一条小河边，要看河边的芦苇和观赏河里的小鱼。

到了河边，旺旺就快步跑了过去。妈妈很担心旺旺的安全，看见他大步跑，就追过去并大声嘱咐："旺旺，慢点跑，不要离河边太近，小心滑到河里去！"

可是，对于妈妈的好心提醒，旺旺没当一回事，该怎么跑还怎么跑。

旺旺站在河边，一会儿往河里扔一块儿小石头，一会儿抓一把花草扔到河里。看到儿子把自己的话当耳旁风，妈妈很严厉地批评他说："旺旺，妈妈的话你没有听见吗？你不知道在河边玩是很危险的吗？不能这样玩了，走，我们回去！"

旺旺正玩得高兴呢，不愿意回去，继续玩自己的。妈妈一把抓住他，把他拉到一边，生气地问："妈妈在跟你说话，你没听见吗？"

"我听到了。"旺旺回答。

"既然听到了，为什么跟没听见一样呢？"

"妈妈，我觉得你的担心是多余的，我都 8 岁了，懂得保护自己，我扔小石子是站在离河边很远的位置。我知道万一掉进河里会发生危险，所以我一直很小心，之所以我没有照你的话去做，是因为听了你的话后我就不能再玩了。"

"啊，为了玩，你就不听妈妈的话了？"

"不是这个意思，妈妈。如果你说得对，我就会按你的话去做；如果你说得不对，我就不想听你的。"

"那你说，哪些是对的，哪些是不对的？"

"比如，你常常提醒我过马路要小心，这是对的，我会小心过马路；像爬山、捉蝴蝶、荡秋千这些事，我自己能做好你却不让我做，就是不对的。"

看到旺旺又跑到一边玩去了，妈妈忽然认识到：有些事真的不能对孩子过多地干涉，而要信任孩子——给孩子自主权，才是正确的教育之道。

担心孩子的安全是家长的本能，但培养孩子不光是教他知识，还要给他接触生活的机会，让他在生活中去体验和掌握各种本领和才干。家长不能一味地替孩子操纵生活，如果不考虑孩子的意愿，孩子就有理由不听你的。

观点归纳

① 爱孩子的最好方式就是锻炼他的生存能力，而不是处处替他代劳。

② 溺爱孩子，其实是害孩子。

③ 为了孩子早日能独立，不妨学习动物妈妈的经验，适当放手，让孩子自己去面对一切。

3. 孩子不服从管教，真的有原因

大刘对 8 岁的儿子定定管教严格，生气时甚至还动过几次手。

定定觉得自己很委屈，因为爸爸不听他解释，他刚一说话就会被粗暴地否定，但他又不敢发牢骚。所以，他渐渐对爸爸产生了敌意。

后来，定定的爷爷奶奶搬了过来跟大家一起住。爷爷奶奶十分宠爱定定，定定也开始变得调皮、贪玩了。每次大刘想教训定定时，定定就往爷爷身后一躲，爷爷立刻"挺身而出"，大刘一点办法也没有。

案例分析

管教孩子是家长的职责所在，但孩子有时根本不服从管教，让家长感到十分头疼。对于家长来说，孩子不听话无疑是在向自己挑战，于是家长十分恼火，加重处罚力度，结果更激化了亲子间的矛盾，使家庭和谐受到损害。

不过，所谓"不服从管教"有时只是家长单方面的看法。在家长的眼里，孩子屡屡违背自己的意愿就是不服从管教，他们忽视了孩子也是一个个体，也有自己的需求或心声。

心理医生认为，孩子有一个"心理断乳期"——随着接触范围的扩大和知识面的增加，他的内心世界丰富了，容易对父母产生逆反心理。

这些孩子从内心里觉得自己已经长大了，不再受父母思想的影响，对社会、人生有着自己的看法，不希望父母处处管自己，不再按父母的要求去认识世界和为人处世，于是孩子与父母对着干的事就发生了。

面对孩子"不服从管教"或"不听话"的情况，家长一定要慎重对待，能够从事件中看到孩子真正的需要，再去帮助孩子成长。

应对之策

▲允许孩子拥有更多的自由

昌昌今年上小学三年级。星期六，他想和同学去离家不远的商场体验一下里面的拓展游戏，然后看下午5点场的电影，大约6点半以后再回家。妈妈不知道该如何回应昌昌的要求，问："三年级的孩子可以自己去逛商场、看电影吗？"

"妈，求求你让我去嘛！"昌昌不停地说服着妈妈，"其他同学都去过几次了，就只有我没去过。他们都笑话我，说我什么事都不能

自己做主。"

"可是，让你们自己去玩拓展游戏我真的不放心。"妈妈说。

"好多同学早就去过了，为什么我就不行？"昌昌开始掉眼泪。

"昌昌，我先打电话问一下亮亮妈妈。你和亮亮是好朋友，我想看看他妈妈是怎么决定的。"

"你电话打得真巧，我正想联系你呢。"接到昌昌妈妈的来电，亮亮妈妈说，"亮亮跟昌昌一样吵个不停，说的话也都一样。"

"那我们是不是商量一下，看怎么处理这件事比较好。否则，听孩子一说，我们好像很不近人情，让他们一点自由都没有。"昌昌妈妈笑着说。

最后，两个妈妈决定让孩子用两个小时去体验拓展游戏，晚上如果要看电影，必须有大人陪同。这样，孩子有了某种限度的自由，大人也比较放心。

"妈，这种规定太无聊了吧？"昌昌不以为然。

"孩子，规定就是规定。你可以决定遵守它，去玩拓展游戏，再去看电影，或者干脆不去。你自己想一想吧！"妈妈平静地回答。

最后，昌昌决定遵守规则。

孩子到了学龄以后，不妨适度给他一些自由，教他对自己负责。例如，让他到楼下的超市买生活用品，结伴去同学家写作业等。等他渐渐长大了，才会懂得如何接受更大的挑战。

相反，家长过度地保护或管束，只会阻碍孩子的成长和独立生活能力的养成。

▲不要随意责备孩子

由于家长把孩子当作管教的对象，难免常常不讲方式方法、不分场合地批评孩子，让孩子感到难堪。

这是许多做家长的通病，而且，这些批评虽然尖锐却未必正确，一出口就会伤孩子的自尊心。于是，在孩子的眼里，家长就显得蛮横不讲理。

家长批评孩子的错误是应该的，但要准确、适当，在批评前先要弄清缘由，不要乱批评；批评的过程中还要注意语气、措辞，要循循善诱，使孩子心甘情愿地接受。

▲尊重孩子的自尊心

即使孩子犯了错误，家长仍然要呵护他的自尊心。

家长对孩子的问题可以用启发、引导的方式进行教育，不要摆长辈的架子，横眉立目。那样，孩子就会感到没面子——要知道，只有自尊、自爱的人才会奋发向上，成为有作为的人。

▲允许孩子申辩

孩子爱顶嘴，一定有自己的理由和不服气父母的地方。

对于孩子的顶嘴，家长要给他说话的机会，而不要进行谩骂、体罚。在家里，要营造民主和谐的氛围，鼓励孩子为自己的行为申辩。这样可以让孩子感到无论做什么事只有"有理"才能站稳脚跟，这对孩子的个性发展极为有利。

孩子有时可能会狡辩，这时家长要正确引导，给孩子摆事实、讲道理，让孩子认识到自己的错误。

▲适当对孩子进行体罚

如果孩子滥用了某项自由，没有遵守事先的约定，家长就应剥

夺他一段时间的自由以作为惩戒，然后再给他一个机会，看他是否有所改进。

例如，"我事先已经告诉过你，骑自行车只能在小区的活动广场里，不可以骑到大马路上去。现在罚你这个星期不准骑自行车，下个星期再骑的时候，不要忘了这个规定！"

观点归纳

① 给孩子适当的空间，让他在相对自由的环境中生活。

② 发扬家庭民主，允许孩子为自己的行为进行辩护。

4. 让孩子多看看外面的世界

蕊蕊今年 8 岁了，自从开始学弹钢琴以后，她就再也没时间跟小朋友好好玩了，天天都有练不完的琴。周末，小区里的其他小朋友一起玩扔沙包、跳房子、老鹰捉小鸡等游戏，她在家里听着声音干着急。

9 岁的小强虽不用学钢琴，可他也不会跟小朋友一起玩。他家住在 22 楼，妈妈下了班就忙着做饭，爸爸忙着写作，谁都没空陪他玩。就这样，小强整天对着电脑和电视机自娱自乐，不去找其他孩子玩；在学校里也没有朋友，因为他稍不如意就发脾气。

案例分析

上述第一个案例说明，家长过于注重孩子的早期兴趣开发，让孩子做那些只有成年人才能坚持每天做的事情，就是没有顺应儿童心理发育的特点，违背了孩子爱玩的天性，结果未必能达到理想的教育效果。

第二个案例说明，家长既没有为孩子寻找玩伴，也没有亲自陪孩子玩耍，从而使孩子逐渐失去了在玩耍中学会与人交往的机会。

孩子生性爱玩，通过玩耍他能认识世界，发现一些自然的现象和小秘密。

玩，其实是一项有意义的活动，不仅能拓展孩子的想象力和创造力，还可以培养孩子的毅力和团结互助精神，增强他的交际能力以及理解他人、约束自己的能力。

牺牲孩子玩耍的时间，无异于抹杀孩子的天性，违背了孩子成长的规律，进而让孩子失去发明创造的能力。如此说来，不让孩子玩耍实在是有害无利的。

玩耍不仅能让孩子健康成长，同时，在玩的过程中家长还能及时发现孩子的天赋。如果有计划地培养这种天赋，就可以帮助孩子在某些方面有所突破，成为这方面的人才。

玩也算是孩子的一种主动学习机会，它能培养孩子的动手能力，启发孩子的兴趣爱好，还能从中发现问题进而培养孩子的自主性。

孩子在入学之后，适当地玩耍还可以缓解他在集中精力学习时带来的身心疲劳。有一些少年儿童的小发明、小创造，就是他在课余时

间玩自己想玩的东西时受到启发才做成的。

因此，家长要正确理解玩耍的意义，为了孩子更有效地学习，为了孩子健康地成长，为了孩子的全面发展，必须给他玩的时间，这不应该被剥夺。

应对之策

▲给孩子一个宽松的环境

只要没有危险，就不应干涉孩子玩的权利。有些家长以安全为由，限制孩子外出玩耍，把孩子死死困在家里，一举一动都要支配。其结果是，孩子变得胆小懦弱没有勇气。

在孩子全神贯注做游戏的时候，不要对其横加干涉，因为任何干扰都可能断送孩子的天赋。家长应该为孩子营造游戏的氛围，每天为孩子提供一段时间和一定的空间，让他自由玩耍，以自己独特的方式去体验生活、认识世界。

▲给孩子玩的空间

不要以为孩子小就不需要自己的空间，也不要担心他会把场所弄得乱七八糟，要知道，孩子很需要自己的游戏空间——一个好的游戏空间能吸引孩子想玩的乐趣。

为此，家长不要吝啬，要按孩子的年龄特点为他准备玩的工具和器材，那样孩子会在玩的过程中产生想象力。除此之外，还可以在大自然中锻炼孩子的观察力，这远比知识的灌输重要得多。

孩子的自控能力差，长时间集中精力学习会加剧他的紧张心理。家长对孩子过度地教育还会阻碍他应有的身心发展，影响他的健康成长。

　　要知道，除了教孩子掌握知识外，培养孩子良好的性格特征，如独立精神、自信心、自尊心、自制力、理解力等也很重要。防止孩子产生消极性格，如胆小、依赖性、自卑、骄傲、任性、自私等，这更要注意。

观点归纳

　　① 玩耍是孩子的天性，剥夺玩耍时间违背了孩子的自然成长规律。

　　② 玩耍也是一种学习，而且是主动学习。

　　③ 家长可以从孩子玩耍的表现中发现孩子的天赋，加以培养，孩子长大后可能会成为某一方面的人才。

5. 孩子爱交往，是情商高的体现

　　爸爸把女儿小婧管得很严，每天放学回家都要她汇报在学校里的一切情况。小婧很烦爸爸问这些事情，更烦爸爸每次都不忘教育她要跟成绩好、品德好的同学一起玩，这样才能学习别人的优点。

　　其实，小婧有些叛逆，爸爸说什么她表面上会点头称是，但一到学校里，她很快就会把那些话忘得干干净净。虽然爸爸不让她跟成绩

差的同学玩，但她觉得跟他们玩很有趣，大家也够义气，所以经常主动地跟他们打成一片。同其他许多孩子一样，小婧讨厌家长的干涉——越干涉就越叛逆。

案例分析

美国心理学家劳伦斯·哈特在对一些孩子进行了长达10年的追踪调查后，认为那些善于与人交往的孩子智商较高，往往比较活泼、聪明，而且上学以后学习成绩都比较好，还可以从老师和其他同学那里学到更多、更专业的知识。

同时，一个活泼开朗、乐于与人相处的孩子容易受到同伴的欢迎和大人的喜爱，而且也容易适应新环境。

每个孩子总是希望在思想上、学习上或者生活中有几个志同道合的朋友，能够经常从朋友那里获得鼓励、信任和支持。在与周围的人相处时，朋友的肯定总是多于否定，孩子就会感到与他人有一种休戚相关、安危与共的情感，并愿意为他人牺牲自己的利益。这是一种自我发展的需要。

学生时期正处在学习知识、了解社会、探索人生和事业的发展期，与同龄伙伴交往并建立友谊是正常的心理需要。所以，过于封闭自己、不爱与人交往、在同学中的人缘不好，都会影响孩子的交往能力，使孩子无法适应复杂多变的社会。更有甚者，孩子会形成孤僻、抑郁、偏执等心理障碍。

身为家长，有责任指导孩子在他的社会群体中拥有自己喜欢的同伴，交往更多的朋友，拥有更融洽的人缘。

应对之策

▲别干涉孩子交朋友

在儿童时期，家长都有替孩子选择玩伴的权利。这时你就要注意了，千万不要强迫孩子去选择——你不能强迫孩子接受或离开某一个朋友。

王平两口子和李建平两口子住对门，他们的孩子相差两岁，可孩子却怎么也玩不到一块儿，不是谁不理谁，就是互相吵架。王平怎么也想不明白，鼓励和批评也收效甚微，于是他就不再强迫孩子了，允许大家各玩各的。

强迫和鼓励不同，强迫孩子跟他不喜欢的人玩，只会压抑他的个性。而且，有时候孩子会看得比你更清楚，更能感觉到对方身上你看不到的一些方面。

▲为孩子创设交友环境

家长要鼓励孩子带朋友特别是同学回家做客，并且帮助孩子热心地招待对方，提升孩子在朋友中的好形象。

你的热心会让孩子的朋友增加对他的好感，从而愿意与他保持良好的关系。你也可以邀请邻家孩子来家里玩，让自己的孩子在与他人的交往中学习人际交往的方法。

家长还可以在家里提供游戏场所，购置一些图书、玩具，组织好友带孩子来跟他们一起玩游戏、做活动。孩子在一起玩游戏，共欢乐，关系会越来越密切，也就架起了友谊的桥梁。

家长平时要多询问孩子："你今天与好朋友是怎么玩的？"发现

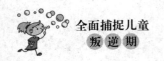

孩子的某一进步时，要及时表扬和鼓励。例如，孩子将好吃的与朋友一起分享，把图书借给同伴看，这时你就要说："你这么关心你的朋友，真是个好孩子！"

家长的关注、表扬和鼓励，会大大激发孩子与同伴长期友好相处的愿望。

▲鼓励孩子珍惜和发展友谊

孩子在一起斗嘴、吵架是难免的，即使是好朋友也不例外。

当孩子之间发生了争吵，家长要保持冷静，不要为此而杜绝孩子间的往来，而要采取劝解的办法加以疏导，切不可袒护哪一方。你还要帮助孩子从自身寻找原因，如果是自家孩子错了，要让孩子主动去赔礼道歉，鼓励他与伙伴和好。

家长要让孩子将自己心爱的物品拿出来与同伴分享；教育孩子要尊重、体谅伙伴，在交往中不要处处占上风；还要鼓励孩子进行一些有意义的互赠礼品活动，从而不断促进孩子之间的友谊。

▲尊重孩子的朋友

有的家长喜欢按照自己的意愿要求孩子去选择朋友，这会给孩子带来一定的心理压力，甚至还会引起孩子的逆反心理。

那么，怎样去对待孩子的朋友呢？这个问题一直困扰着许多家长。

其实，最关键的是家长要转变态度，要尊重孩子的选择，让他自主选择朋友，而不是用挑剔的眼光来衡量孩子的朋友。这样，孩子自然也就会接受家长的帮助和指导。

孩子只有有了自己的朋友，他才会有更多的生活体验，学会如何与人相处，关心和帮助他人，解决与他人的矛盾，向他人学习……这样，孩子才能从中获得交往的快乐，就能养成健康的人格。

▲鼓励孩子交益友

作为一个独立的个体，孩子有选择交朋友的权利。但这并不是说孩子无论交什么样的朋友都可以，还是要有一个"度"，家长应当适时地把握好。

小杰和小刚今年刚上三年级，两个人很合得来，经常到对方家里去玩。他们在一起时还常常搞恶作剧，朝来往的汽车下面扔小石子。

有一次，小杰去小刚家玩时，发现小刚爸爸有一个没上锁的抽屉，里面全是刀子。小杰有些害怕，于是回家就告诉了妈妈（其实，那全是专用雕刻刀具，只是小杰没有表述清楚）。虽然小杰妈妈很喜欢小刚，但为了孩子的安全着想，她禁止小杰再去小刚家玩了。

小杰妈妈对孩子交友的担忧，不无道理。试想，她如果不阻止孩子的交往，一不小心玩起刀子，后果将会怎样？所以，由于孩子年龄小，分辨是非的观念不强，需要家长及时予以指导。

尊重孩子选择朋友的同时，也要帮助孩子把握好度。这个度就是，孩子的朋友在品质上没问题就可以放心了。

▲用沟通的方式，建议孩子远离对自己不利的朋友

如果你觉得孩子的朋友的确会给他带来负面影响，那么就问问孩子为什么喜欢与他交往？他自己是不是也会感到那个朋友的某些行为让他不舒服？

有时候，让孩子自己表达会更有助于他理清思路。不过，最好不要采用攻击性的语言来谈论孩子的朋友，比如说"那孩子多动，很讨

厌"，结果可能会适得其反。

张兰很不喜欢女儿的一个同学来家里做客，因为那个同学时不时就会说脏话。张兰决定跟女儿谈谈，她对女儿说，父母对她同学的行为感到很不舒服，并问她对同学有什么看法。

为了不让女儿觉得父母太专横，接着，张兰说她的同学其实并不坏，而是担心女儿听多了不良语言而不利于自身的健康发展。女儿听后沉默了，从她的表情里，张兰看得出她已经明白了父母的意思。

虽然张兰并未硬性阻止女儿与那个同学交往，但在这次谈话之后，女儿跟那个同学的交往变得少多了。

在这种敏感的交谈中，如果孩子赞同你的观点，你在他心里的地位就会不知不觉地提高，孩子会产生"爸爸妈妈最了解我"的想法。反之，孩子就会跟你对着干。

所以，为了让孩子跟自己站到同一战线上，你要常对他说些鼓励的话，比如"我很高兴知道你想的跟我一样"等。

观点归纳

① 孩子喜欢交朋友是他走向社会、获得自主生活能力的第一步，值得肯定和支持。

② 支持孩子交朋友，就不要过多地干涉孩子与他人之间的关系，有问题了，可以提供帮助或指导他自己去处理，决不能越俎代庖。

6.孩子爱惹事，你的态度首先要正确

真真上了小学一年级后特别爱惹事，在学校里总跟同学打架。

老师也不敢太严厉地管教真真，就往他家长身上推，其他同学的家长便经常去找真真的父母反映情况。真真的爸爸妈妈用尽各种办法教育他，但没有一点作用。

有一次，真真跟小朋友玩的时候，不小心把一辆汽车的车门划花了，事后赔了不少钱，这让爸爸妈妈非常恼火。

对于这样总是惹事的真真，爸爸妈妈非常头疼。

案例分析

所谓惹事的孩子，就是走到哪里都不老实，经常会给家长添麻烦。家长再三劝告、批评，效果仍然不理想，让人很头疼。

其实，对于惹事的孩子要一分为二地看待，因为有时惹事并不是坏事。

例如，有的孩子看到闹钟会报时，就想拆开看看；看到父亲刮胡子时，也想拿起刮胡刀试一试……孩子可能会把整洁的屋子搞得一塌糊涂，把完好的物品拆得七零八落，对这种破坏行为，哪个家长不恼火呢？

不过，惹事的行为也不见得不好。从心理学上来讲，这是孩子求知欲旺盛的体现，说明孩子有一种追求事物真相的好奇心。好奇心是打开知识的大门，有好奇心才有追求知识的愿望，应该给予这样的孩子好的评价。

从孩子成长的过程来看，惹事行为是天生的，它是孩子不断走向成熟的必要"演出"。如果家长采取限制、训斥甚至打骂等粗暴态度，那么孩子就会感到压抑。由此，孩子可能变得小心翼翼，缩手缩脚，甚至形成消极的性格。

所以，对于孩子的惹事行为，做家长的要有宽容之心。惹事归惹事，只要不是经常出自怀有恶意的、会使他人身体受到伤害的行为，家长都应当宽容一些。

应对之策

▲正面引导孩子的惹事行为

妈妈走进陶陶的房间，差点以为走错了地方——原来干干净净的房间，现在地板上、墙上居然都涂了好多面霜。

"你真把我气死了！"妈妈喊道。

陶陶赶忙抢着说："妈妈，我在制造一个冬天的景色，这样不好看吗？"

陶陶的捣蛋行为违反了妈妈说的不能在室内乱画的家规，又浪费了妈妈的面霜。殊不知，这也表明了孩子的性格好动，求知欲强烈——从某种意义上讲，孩子的"不听话"恰恰反映出他有主见，而所谓"好争斗"恰恰反映出他有进取心。

虽然主见多带有主观和无知的倾向，进取心也有些逞强和虚荣的成分，但这并不能掩盖孩子在惹事中所表现出来的值得家长赏识和鼓励的闪光点。因此，对于惹事的孩子，家长要站在赏识的角度给予正确地引导，可以有针对性地带孩子看电影、逛公园、参观展览馆，或者学习唱歌、绘画等。

通过多渠道教育，因势利导，更换兴奋点，将孩子过剩的精力、体力发挥到适当的活动中去，这样不仅可以满足孩子好动和求知欲强的需求，而且可以让他学到更多的知识和技能，从而收到更加理想的教育效果。

▲关注孩子惹事的原因

争吵、捣蛋、打架……孩子的这些惹事行为，让家长苦恼不已。但是，你明白他为什么这样做吗？背后的原因是什么呢？

孩子的心声一：其实，我只是想让你们多关注我一点。

爸爸妈妈整天忙于工作，就将6岁的春萌放在奶奶家，到了周末才将他接回家。

慢慢地，爸爸妈妈发现一件奇怪的事，春萌平时在奶奶家还是比较听话的，但一回到自己家就整天哭鼻子、吵着闹着要买东西，一旦不满足他的要求，他就没完没了地大吵大闹。

爸爸妈妈不知道该怎么办，只好对春萌凶，拿出大棒来"威胁"他。可这非但没有让他变乖，反而使得他越来越胡闹，尤其是在送回奶奶家的前一晚，更像孙悟空大闹天宫一样，令父母头疼不已。

其实，春萌这是想吸引爸爸妈妈更多的关注。他的心思是：看看，我瞎捣乱，爸爸妈妈就会更加关注我；我整天大吵大闹，爸爸妈妈就

会满足我的要求。虽然我得不到爸爸妈妈的赞许，但责骂也是一种关心，我只是想让你们多爱我一点，多给我一点点的陪伴。

所以，春萌的爸爸妈妈要正视这个问题，平时多关心孩子，而不是只到周末才想起他。虽然爸爸妈妈没时间跟孩子在一起，但可以每天给他打电话，经常给他买礼物，这样做就是要让他明白，父母还是很关心、很爱他的，不会不管他。

孩子的心声二：其实，我只是不想你们吵架。

思思今年8岁，她爸爸妈妈的关系不好，整天吵架，有时还会互相以离婚威胁对方，甚至动过手。一开始，思思会在一旁大喊大叫，继而大哭大闹，爸爸妈妈看见她这样，就不忍心再吵下去了。

后来，爸爸妈妈的关系越来越差，思思不再哭闹，但是出现了很多怪行为——在学校里经常抢其他同学的文具，跟同学打架；平时也不爱跟同学玩，自己坐在一旁，坐着坐着就突然大哭；不仅不听老师的话，居然还顶撞老师，弄得老师也不知道该怎么办。

有些家长会抱怨孩子真是不懂事，本来家庭关系就很紧张，孩子还在那里捣蛋，让自己操心，孩子怎么就这样让人不省心啊！

其实，孩子只是想跟你说："我只是不想你们吵架。"潜意识里他会认为："我爱爸爸妈妈，我不能让他们再互相伤害下去。"于是，他会惊喜地发现，当自己有了问题时，爸爸妈妈就会不得不花更多的时间在自己身上，而因为暂时放下了"恩怨"，他们的关系也看似好转了一些。

正确的做法是，当家长的要积极地改善亲子关系，不让孩子替他们"操心"，为他们的关系恶化而担忧。

▲限制孩子过度惹事

如果孩子惹事的后果是严重的，则不应姑息。孩子一旦陷入难以自拔的地步，家长必须采取催人警醒的措施让孩子"猛回头"。

（1）要宽严并济

该宽的时候，就应该宽一些。比如，要给孩子安排足够的玩耍时间，家长也应抽时间跟孩子一起玩，使孩子感到父母是通情达理的，孩子就会逐渐养成"该玩就玩，该学就学"的习惯。

当孩子玩"野"了的时候，家长又要及时提出严格的要求，并使孩子感到这种要求是合情合理的。

（2）要奖惩兼施

对孩子来说，奖励和惩罚都是说理教育的辅助手段，但前者往往更为有效，因此应多奖少罚。尤其是爱惹事的孩子一般都比较聪明，家长切不可打击、挫伤孩子的自尊心。

（3）家长要统一思想

当爸爸妈妈以惩罚的方式教育孩子时，家庭其他成员的思想一定要统一，千万不要家长要"罚"，爷爷奶奶要"保"，结果会让孩子吃了苦头还起不到惩罚的教育作用。

观点归纳

① 对于孩子的惹事行为，要一分为二地看待，控制消极的一面，鼓励积极的一面。

② 注意孩子惹事背后的原因，走进孩子的内心，关注并解决孩子的合理需求。

7. 不要让孩子永远生活在家长的羽翼下

小宇妈妈和小勇妈妈趁假日带孩子外出游玩，两个孩子争着去放风筝，不料后来发生争执，便吵了起来。小宇争辩不过，委屈地哭起来，并把求助的目光投向妈妈。

小勇妈妈一见，想过去了解情况，但被小宇妈妈拦住了。小勇妈妈说："我看看是不是小勇欺负了你家小宇。"

小宇妈妈笑了，说："不要去管他们。"

小勇妈妈说："万一是小勇欺负了你家小宇，我就去批评他。"

小宇妈妈却说："孩子争吵算什么？这样的小事，为什么不让他们自己去解决呢？"

这时，两位妈妈再去看孩子，只见他们已经停止了争吵，又快乐地玩起了风筝。显然，双方的矛盾已经解决了。

案例分析

在这个故事里，小宇妈妈对于孩子争吵的理解是：提供机会让孩子学习与人相处及解决问题的能力，使他以后能独立生活，所以要给他亲自解决难题的空间。这种理解无疑是正确的。

如果对孩子干预太多，替他安排好了一切，帮他解决了一切，这样一来，孩子失去了学习的机会，将来怎么能做成事呢？怎么能生活好呢？所以，对孩子慈爱过度并不是真正的爱。

家长应该明白：小家庭是温情脉脉的，但社会这个大家庭却充满了残酷的竞争。在家庭中培养孩子也要着眼于未来，如果小鸟不在鸟妈妈的羽翼下学会搏击长空的能力，如何能保证它将来不会落于老鹰的爪下？

所以说，对孩子的教育，归根到底是为了把孩子培养成能够适应未来社会并有所作为的人。

著名教育家马卡连柯一针见血地指出："一切都让给孩子，为了他牺牲一切，甚至牺牲自己的幸福——这就是父母所能送给儿童的最可怕的礼物了。"现在，许多家长还在不停地给孩子赠送着这种可怕的礼物。

明智的家长应当看到，孩子终究是要变成熟并走向社会的，而社会是不会纵容那些被宠坏了的孩子的，他们在置身社会时只会茫然不知所措。为了孩子将来能适应社会，家长必须以理智的态度严格要求，只有这样才是对孩子真正的爱，才能使孩子受益终生。

应对之策

▲对孩子"残忍"一点

某小学高年级的一个班组织夏令营活动，学生甲的爸爸怕孩子适应不了，竟然请了假，开着车远远地跟在师生队伍的后面。到了晚上，老师查铺时发现窗外有个人在张望，一问之下才知道，原来是学生甲的爸爸。

这位爸爸说，不放心自己的孩子第一次出远门，怕他晚上睡觉从床上掉下来，于是就跟着来瞧一瞧。

这个举动令老师哭笑不得。

生活中，像这个爸爸一样的家长太多了。然而，明智的家长决不会这样去做——他们不会对孩子事事关心，虽然这样看上去是冷漠的，甚至有些残忍，但对孩子的成长有好处。

要知道，日常生活中的困难和危险随时随地存在，遇到磕磕碰碰的事情是不可避免的。对孩子来说，不应该总是逃避各种困难和危险，而应该学会去面对、去承受、去解决，因为长大后需要面对、承受的事情会更多。

所以，从小培养孩子的自立能力，是为了他日后更好地生活。

▲让孩子从逆境中找到解决问题的办法

宁宁都9岁了还很淘气，经常爬高、跳坑，四处乱跑。门口不远处有一方水塘，爸爸经常告诫他不要随便下水，有大人在场也不行，但宁宁不听。后来，爸爸打算教他掌握正确的游泳方式，他也不学。

有一次，宁宁悄悄地跳进水塘边玩水，由于没有水性，一下子滑进了水塘中央，脚挨不到底，他这才急得大喊大叫。

爸爸闻声跑了过来，但表现得比较镇定。他盯着宁宁在水里挣扎，眼看宁宁支撑不住了，这才一个猛子扎进水里将宁宁拖到岸上。

这时，宁宁呛了一肚子水，又吐又哭，样子看着很难受。

宁宁妈妈赶过来，心疼极了，埋怨宁宁爸爸说："世上有你这么当爸的吗？儿子掉进水里你不马上去救，还在旁边看热闹！"

宁宁爸爸却平静地说："我是有意拖延一下，让他多喝点苦水，一辈子记住教训，不能做的事永远不要去做。"

在一些人看来，宁宁爸爸的做法过于不近人情，但正因如此，胆大妄为的宁宁从此不敢再随便下水了，特别是不敢在没有大人陪同的情况下私自下水了。每次下水前，他都会告诉爸爸一声，并主动请爸爸教他游泳的技巧和注意事项。

在这个案例里，宁宁爸爸的想法是：让孩子多吃点苦头，他才能记住教训，才能学会如何避免再犯同样的错误。如果他没有吃到苦头，就以为即使不听大人的话、做错了事也无所谓，产生不了严重的后果。长此以往，他的胆子会越来越大，会做出更多出格的事，那就有可能产生更坏的结果。

这种做法看似不近人情，却是最有远见的爱，是最有智慧的关怀。否则，终有一天，为人父母的就有可能悔之晚矣："都是我害了你呀！"这样的情景，在生活中并不少见。

孩子早晚会长大，不可能永远生活在家长羽翼的庇护之下，他必然要走进社会，面对种种竞争。因此，让孩子及早学会面对生活是非常重要的。

▲当孩子与他人发生冲突时，既做保护人又做咨询师

家长自然是孩子的"保护人"，但在孩子成长的道路上，保护应该有个度，更多的时候，家长应该是孩子的"咨询师"。

咨询师就是"顾问"，责任是给咨询人分析问题的来龙去脉，协助他掌握真相，引导他思考各种不同的解决方案和可能得到的结果，让他想出有效的和可行的应对策略，进一步制订出最佳行动方案。

所以，当自己的孩子与别人发生冲突时，具体的做法就是：

第一步：通过跟孩子沟通去掌握事情的真相。

这并不难。如果家长平日跟孩子的互动少，沟通不良，就可能导致"误判"；或者是因孩子的片面之词而激动，给孩子做出不适当的指示；或者是断然否定孩子的叙述，不能进一步体会他的感受，因而打击他的自尊心和自信心，让他陷于孤立无援的境地。

挖掘事情的真相要依靠同理心，在自然、平和的亲子交谈中去体验孩子的感受，才能逐渐接近核心问题。

第二步：判断事情的轻重缓急，以此来定处理方法。

这也不算是一个难题。护犊心切的家长，往往会因为过度关切而紧张，未经全盘考虑就插手孩子的事情，使事情越搞越复杂，造成的后果却必须由孩子承受，这也是"爱之反而害之"的成因。

观点归纳

① 对孩子"残忍"一点，不要事事关心、一切包办。

② 爱孩子，就要让孩子去锻炼才能、磨砺意志、增强信心——事事关切的爱，不是真爱而是"真害"。

8. 孩子的隐私同样需要保护

这天下午，小新的班级提前放学了。他回到家，打开家门喊了声

"妈妈"，然后看到妈妈从自己的房间里走出来，脸上还带着很不自然的表情，轻声问："这么早就回来了？"

小新点点头说："今天最后一节课没有上，老师给我们提前放学了。"他边说边回到自己的房间。然而，一推开门他就愣住了：他看到书桌的抽屉开着，自己的日记本、同学送的生日礼物、贺卡乱七八糟地堆在桌子上。

小新非常生气，质问妈妈："你为什么翻我的抽屉？"

见儿子生气了，妈妈比他更生气："怎么了？当妈的想看看儿子的东西不行吗？"

"你可以看，但必须得经过我的同意才行啊！"小新毫不示弱。

"小孩子家家的，有什么东西不能看？别忘了我是你妈！好了，歇一会儿去写作业吧。"妈妈一点也不在乎小新的反应。

案例分析

像小新妈妈这样不尊重孩子隐私的家长，可以说大有人在。那么，家长为什么会有这种行为呢？因为，他们认为孩子年纪还小，没有隐私可言——即便有隐私，家长也有权了解。

家长之所以对孩子的隐私非常关心，是因为现代社会对孩子的影响是多方面的。孩子的社会经验不足，辨别能力差，这些都会让家长不放心，担心孩子是不是交了不该交的朋友，会不会被同学带坏了，有没有早恋等。

由于担心这些问题，导致家长趁孩子不在时，不经同意就翻看孩子的日记、书信或聊天记录，甚至偷听孩子的电话，并认为这是家长

应该做的。

其实，家长虽然有管教孩子的义务，但也要有底线——尊重孩子隐私的底线。孩子虽小，也有隐私，家长应该像尊重他人的隐私一样尊重孩子的隐私，并在生活中加以保护。

家长需要了解孩子从婴儿期到成人这个过程中的心理变化，因为孩子在成人之前有两个叛逆期。

3～6岁是孩子的第一个叛逆期，他开始有一些自我意识，会说"不"了。家长在这个时期要理解和支持孩子的独立性，积极接纳孩子的不同意见，以培养孩子的自尊心。

大概从7～12岁青春期开始，孩子有了第二次叛逆期。

这时孩子需要更大的独立空间，他不再像以往那样有什么事情都藏不住会立即告诉家长，而是开始有了自己的心事和自己的朋友，有了不想告诉家长的事，并且有了自主和独立的倾向，许多事想由自己做决定。

理智的家长要充分了解孩子的这些特点，支持孩子的这些变化，让他学会适应社会的能力，而不是觉得孩子长大了，不需要家长了，感觉自己的权威受到了挑战而因此大发雷霆。这完全是不必要的。

每个人都有自己的隐私，学习上的、工作上的、生活上的、情感上的……孩子也同样有他自己的隐私。从有了隐私那一刻起，孩子便有了自我意识，也许年幼的他不知道这属于隐私，但他要独享那些快乐或悲伤，不愿与他人分享。

身为家长，我们如果一直关注孩子的一言一行，想了解孩子的所思所想，也不要急于求成，而要有足够的耐心，要用恰当的方式与孩子交流、互动。在取得孩子的信任后，你才有可能一步一步地走进他的内心世界。

应对之策

▲给孩子一个独立的精神空间

在孩子刚上学的时候，对日记没有特别的概念——老师要求，家长让写，不管愿意不愿意也就写了，而且还很愿意让家长看，因为他觉得自己能写点什么文字了，想要炫耀一下。

当孩子慢慢长大了、懂事了，就会有自己的想法，或多或少地也会有自己的小秘密。这时候，家长就应该尊重孩子，让他有自己的空间可以去"发泄"。

作为家长，不要轻易介入孩子的精神空间，因为他的心灵也是他的精神家园，是最隐私的地方——心灵的家园也需要有一扇门，孩子也想成为自己心灵之家的主人。

为此，家长要为孩子安排一个单独的小房间，这个小房间是真正属于他自己的，家长在进门前要敲门，得到允许后才能进去。你不要带着警惕的眼光去探寻孩子的举动，不要随意翻看孩子的日记、信件等，要允许孩子有自己的秘密。

▲不要偷窥孩子的隐私，更不能传播

一个小女孩曾经责问家长："你们大人有自己的秘密，为什么我们孩子就不能有自己的秘密？我有秘密不想说出来，并不表明我的秘密就是不好的、见不得人的。再说了，秘密就是秘密，说出来了还能叫秘密吗？

"我最讨厌的事，就是你们偷看我的日记、偷听我的电话，你们看我的眼光就像看贼一样！凭什么？我做了什么？这样下去，只能让我觉得跟你们的隔阂越来越大，现在我都不想跟你们说话了。"

对于这个女孩子的心声，做家长的会有何感想呢？可以说，很多孩子都有过这样的"同感"。

随着年龄的增长和独立性的增强，孩子开始有了自己的小秘密，日记就变成了自己倾诉的"朋友"。如果家长以对孩子"负责""关心"为由，想方设法翻看孩子日记、偷听孩子电话，这样做就是侵犯了孩子的隐私，孩子自然会非常反感。

▲想了解孩子的隐私，先取得孩子的信任

王莹从三年级开始就养成了写日记的习惯，这天周末，她正在房间里写日记，听到有人敲门："是妈妈，我可以进来吗？"

"请进！"王莹一边答应着，一边把日记本合了起来。

妈妈是给王莹送牛奶来了，看到女儿这个举动，就问："又在写日记啊？"

"是啊，你可不能偷看哦！"王莹娇嗔地"警告"妈妈。

"好，妈妈不看。其实，妈妈小时候也像你一样，不光写日记，还要拿个小锁把日记本锁在抽屉里，生怕别人偷看了我的日记。"妈妈一边抚摸着王莹的头发，一边说道。

"那有人偷看过你的日记吗？"王莹好奇地问妈妈。

"没有，他们看我把日记放进抽屉上了锁，就知道我不希望别人看我的日记，也就不看了。想想那时候挺好玩的，一把小锁仿佛锁住了自己的快乐，呵呵。"妈妈笑着对王莹说。

"我的日记里也有好多快乐。"王莹对妈妈说。

"我知道。其实，妈妈很希望能分享你的快乐和烦恼。不过，妈妈会尊重你的意愿，不会偷看你的日记。"妈妈真诚地说。

"既然妈妈这么说，我倒愿意跟你一起分享我的日记了。"

就这样，妈妈既尊重了女儿的意愿和隐私，又得到了她的信任和爱——通过"合法"手段去了解孩子的隐私，总比偷偷摸摸地去窥探要好得多。

所以，家长要想了解孩子的秘密，首先要尊重孩子的意愿。如果取得了孩子的信任，孩子把你当知心朋友看待，他还有什么秘密不愿告诉你呢？

▲从孩子的小秘密中了解他的内心

小雅的小秘密全藏在她的"百宝箱"——书包里。自从她有了一个精致的小书包后，书包就成了她收藏快乐的"天堂"，她把自己喜欢的所有东西统统装进了这个百宝箱。

妈妈出于好奇，想探个究竟。但小雅见妈妈要动她的书包，一下子冲过来，把书包紧紧地搂在怀里，一口回绝说："这是我的东西，不给任何人看。"

妈妈笑着说："妈妈不动你的宝贝，只是想看看里面装的是什么东西，下次妈妈就可以给你买一些你缺少的东西。"

小雅半信半疑，最终还是"利益"战胜了理智，自豪地展示了她的秘密——只见书包里装得满满的，有文具盒、彩笔、故事书、绘画本、钥匙链、小玩具，居然还装了梳子和小镜子。

看着女儿悉心收集的东西，妈妈不得不刮目相看，她没想到女儿

会把自己的这片"小天地"打理得如此井井有条，干净利落。妈妈得到了女儿的信任，又满足了自己的好奇——更重要的是，妈妈还了解了女儿的喜好。

这位妈妈在没有触碰女儿隐私的前提下，让女儿心甘情愿地分享了自己的小秘密。与此同时，她也走进了孩子的内心，发现了女儿的闪光点，对女儿有了进一步的认识。

▲尊重孩子，替孩子保守小秘密

放学后，7岁的俊俊偷偷地告诉妈妈："妈妈，今天我对小静说'我喜欢你'，小静亲了我一下！"妈妈笑了起来，俊俊又补充说："妈妈，这事我只对你一个人说，你可别告诉别人哦。"妈妈满口答应了，过后还是把这件事说给了爸爸听。爸爸觉得儿子很有意思，又把这个"笑话"说给了朋友、同事。

渐渐地，认识俊俊的人都知道了这个"秘密"。喜欢开玩笑的叔叔见了俊俊，就逗他："小静是怎么亲你的呀？"俊俊一听，知道是妈妈"泄密"了，便发誓说："我再也不跟妈妈说学校里的事了！"

做家长的不妨想一想：哪个孩子愿意自己的小秘密被人随意传播呢？孩子最信任自己的爸爸妈妈，但爸爸妈妈也不能辜负了孩子的信任。

家长可以私下里商量孩子的教育问题，但绝不能与他人"分享"对孩子来说是小秘密的事情。如果孩子说这个秘密只能告诉妈妈，那么，爸爸即使知道了也要装作不知道。如果无意中泄露了孩子的隐私，就要马上向孩子道歉，以确保自己在孩子心目中的威信。

观点归纳

① 不要偷窥孩子的隐私，更不能四处传播。

② 尊重孩子。孩子同意与你分享他的小秘密后，可以从他的小秘密中了解他的内心活动。

9. 信任孩子，是对他最大的激励

"近期我特别苦恼，无论说什么，爸爸妈妈都会追问一句：'真的假的？'我都 10 岁了，他们还不相信我。有一次周末，我去同学家补习英语，晚上 7 点多才回家。一进门，妈妈就问我去哪儿玩了，我跟她解释，她也半信半疑，还说：'你们这个年龄的男孩就爱拉帮结派，指不定会捅什么娄子呢。'连父母都不相信我，学习还有什么意思啊？"

这是一名小学生写的日记。

案例分析

这名学生说出了很多孩子的烦恼。家长疑心太重，会给孩子造成很大的压力，导致孩子可能走极端。

一个孩子，如果家长总是怀疑他会变坏，只要回家晚了就不分青

红皂白地训斥他，慢慢地，他会想，反正在父母眼中自己已经不是好孩子了，他就可能真的会结交坏朋友。

家庭教育，是在家长和子女的共同生活中，通过双方的语言交流和情感交流来进行的。家长与子女的相互信任，是家教成功的重要因素。

一些教育专家在家庭调查中发现，子女对父母有特殊的信任，他往往把父母看成自己学习上的启蒙老师、德行上的榜样、生活上的参谋、感情上的挚友。他也特别希望能得到父母的信任，像朋友一样与父母平等地交流——父母的信任意味着关爱、重视和鼓励，这是真正触动他心灵的动力。

从教育效果看，信任是一种富有鼓舞作用的教育方式。

在家庭教育中，家长的信任可使孩子感到他与父母处于平等的地位，从而对父母更加尊重、敬爱、服从，乐于向父母倾吐心里话。这样的话，家长既增进了对孩子内心世界的了解，又使教育子女更能有的放矢，获得更好的效果。

反之，如果家长对孩子持不信任或不够信任的态度，就无法了解孩子的愿望和要求，孩子的自尊心和自信心必然会因此而受到伤害，对父母的信赖感也势必会减弱。这样，家庭教育的效果也会相应地减弱。

每个孩子的潜力都是巨大的，做家长的，要在孩子成长的道路上不停地为他鼓掌欢呼、加油喝彩。信任自己的孩子，对于家长来说是考验，对于孩子来说是跨越。

所以，每一个家长都应该给予孩子以充分的理解、信任，这样才能真正地走进他的心里，在他真正有需要时给予他支持，让他有充分发挥的空间，得到更大的发展。

家长信任孩子，做他的朋友，才能有效地帮助他健康成长。

应对之策

▲不忘时时鼓励

课堂上，老师每次提问，一名学生总是会举手，但当老师让他回答问题的时候，他却答不上来。

老师问这名学生为什么要举手？他说："如果老师提问时我不举手，同学会在课后叫我笨蛋。"于是，老师就跟他约定：当你知道答案的时候就举起左手，不知道答案的时候就举起右手。

这个约定，对孩子来说是一种莫大的鼓励。渐渐地，这个孩子越来越多地举起了左手，越来越好地回答了老师的提问。就这样，这个原本极有可能在嘲笑声中变得自卑的孩子，最终变得自信、好学了。

可见，信任孩子是多么的重要。家长要不失时机地给孩子以鼓励，让孩子感到你是信任他的。

▲减少对孩子的抱怨

经常会听到家长以埋怨的口吻说：我小时候怎么怎么样，你现在有这么好的条件还不好好学习，你看别人家的谁谁谁做得如何好……

这些抱怨的话，家长应该在私下说，而不应该当着孩子的面说。

既然家长不能代替孩子来学习，他们所能够做的，就是在孩子困惑的时候给他拨开迷雾，提醒他遇到类似情况时可能采取的解决方法。抱怨不但不能解决问题，而且会给亲子关系带来负面影响。

▲做孩子的真心朋友

生活中，家长要经常跟孩子打成一片，跟孩子谈谈理想、学习方法、郊游心得、事业心、为人处世、交友等。在家长面前，孩子可能永远长不大，但是，很多孩子愿意把自己当作大人来考虑问题。这时，家长完全可以用成人的谈话方式跟孩子讨论事情，而不是用高高在上的长者作风。

家长要对孩子说心里话，不要把话闷在肚子里只付诸行动，同时也希望你能做一个好的聆听者。

家长要让孩子知道他对你有多重要，告诉他你多么爱他，慷慨地把你的时间分享给他，但注意不要在物质上有求必应。

家长要把孩子当作真正的朋友，跟他谈心，可以告诉他你每天经历的事，也可以问他一天经历的事。如果他告诉你他做了什么"不该做"的事情，不要生气、不要训斥，要多听少讲。当他认为跟你聊天没有"被惩罚的威胁"时，他才会无所不谈。

观点归纳

① 信任孩子，做孩子的知心朋友，而不是"监官"。

② 当孩子出现问题时，先理解孩子，再帮助孩子找原因，不要抱有成见。

第三章

教孩子：言语多一点，棍棒少一点

当孩子出现问题或犯了错误时，动手打骂还是动口沟通，是考验家长教育能力的试金石。

打骂孩子，虽能解一时之气，却解决不了问题，甚至会把孩子推向对立面；耐心沟通、平等交流，虽会耗费时间和精力，却是最好的教育方式。

1. 孩子的缺点，有时也是优点

　　教育家陶行知在一所学校当校长时，有一天他发现一名学生用泥块打了其他同学，当即制止了他，并让他放学后到校长办公室来。

　　放学后，陶行知回到校长室，看见打人的学生已经等在门口，便从兜里掏出一颗糖果送给他，说："这是奖给你的，因为你按时来到这里，而我却迟到了。"

　　这名学生接过糖果后，陶行知接着又掏出一颗糖果放到他手里，说："这也是奖给你的，因为当我不让你打人时，你立刻就住手了，这说明你很尊重我。"

　　说完，陶行知又掏出第三颗糖果，说："我调查过了，你用泥块打同学是因为他欺负女同学，这说明你很正直，有跟坏人坏事做斗争的勇气！"

　　学生哭了，说："陶校长，你打我两下吧，我错了，我砸的不是坏人，是我的同学呀！"

　　陶行知满意地笑了，随即掏出第四颗糖果递了过去，说："为你正确地认识了错误，我再奖给你一块糖。"

　　糖果分完了，谈话也结束了。

案例分析

大人都难免做错事，自制力相对较弱的孩子更难免会犯错误。从成长的角度来看，孩子做错事并不可怕，因为他正是在不断犯错误和纠正错误的过程中树立正确的价值观，矫正自己的行为。

所以，家长在教育孩子的过程中，重要对待的不是孩子犯不犯错误，而是采取何种方式让孩子认识到自己的错误，并自觉去改正。从教育的效果来看，善于在孩子的错误中发现优点，用赏识的态度去教育孩子，引导他自我改正错误，比严肃的批评或打骂更好。

在上面的案例中，面对学生的错误行为，陶行知既没有直接批评，更没有打骂，而是换了一个角度，用赏识的眼光从错误中发现学生诚实守信、尊重师长、为人正直、敢于承认错误的优点，并及时给予赞扬，通过赏识让学生认识到错误，并主动承认错误、接受教育，从而在心灵深处产生改正错误的愿望。

其实，一般事物都有两面性，没有绝对的好与坏；同时，二者之间是可以互相转化的。在生活中，有的孩子爱顶嘴，从另一面看是思维敏捷，有主见、有思想；有的孩子爱标新立异，从另一面看是有创新意识；有的孩子做事磨蹭，从另一面看是认真细致；有的孩子爱管闲事，从另一面看是热心肠……

所以，只要引导得好，孩子的缺点就可能转变为优点。

应对之策

▲从孩子犯错中发现积极的一面

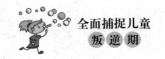

奥托·瓦拉赫是德国著名的化学家。事实上，父母一直希望他能在文学创作上取得成就，但他的老师认为，他做事过于拘谨和刻板，很难实现这个理想。

不过，在化学老师看来，瓦拉赫的这个缺点恰恰是优点——一丝不苟、严谨认真的做事风格，很适合做化学实验，于是建议他学习化学。后来，瓦拉赫从事了化学研究，并在专注的研究态度下取得了巨大的成就，荣获了诺贝尔化学奖。

瓦拉赫的故事说明，缺点也能转化为优点，正如一位名人说："缺点是放错了地方的优点。"

家长在培养孩子的过程中，首先要了解孩子各方面的情况，要独具慧眼，帮助孩子学会避开缺点、发现优势，并加强这种优势，把它发挥到极致，这样，孩子成功的机会就会大大增加。

▲善于发现"坏孩子"的优点

所谓"坏孩子"，无非就是有了某种缺点的孩子。做家长的要多发现孩子的闪光点，从孩子的优点着手，以此教育和感化孩子，让孩子健康地成长。

美国成功学大师拿破仑·希尔小时候曾被认为是一个坏孩子，父母和邻居甚至认为他是一个该下地狱的人，无论何时发生了什么坏事，大家都认为是他干的。在这种情况下，他破罐子破摔，一心想表现得比别人形容的更坏。

妈妈去世后，继母走进了拿破仑·希尔的家，当爸爸介绍他时说："这就是拿破仑·希尔，是希尔兄弟中最坏的一个。"

此时，继母却亲切地说："他完全不是坏孩子，他恰恰是这些孩子中最伶俐的一个，而我们所要做的，无非是要把他所有伶俐的品质发挥出来。"

继母发现了拿破仑·希尔的优点，在继母的赏识和鼓舞下，他开始改正自己的缺点，并奋发学习。继母用她深厚的爱和不可动摇的信心，塑造了一个全新的拿破仑·希尔。

拿破仑·希尔是幸运的，在人生的低谷时，他遇到了继母，从而改变了命运。继母的做法，就是通过情感、语言和行为，赏识和鼓励他，肯定他的优点和可取之处，使他感受到强烈的关爱和期望，从而变得更加自尊、自爱、自信、自强，进而在各方面取得进步。

由此看来，我们要多多关注孩子，积极发现孩子的闪光点，赞赏孩子的优点，这样才能有效地帮助他，逐渐地改正他的不良行为。

▲不要只盯着孩子的缺点

每个家长都希望自己的孩子健康、聪明可爱，但是，世上没有十全十美的孩子，别人看来不怎么样的孩子，在其父母的眼中却总是好样的。不过，这通常是指孩子很小的时候。

事实上，如果孩子天生有缺陷，再加上淘气、不听话，家长有时难免会产生厌恶之感，这对孩子的健康成长大为不利。

有一个孩子天生比较迟钝、倔强，而他的弟弟长得脸圆眼大，聪明可爱。哥哥原比弟弟高两年级，后因功课一直不好三年内降了两级，现在与弟弟同班。

由于哥哥长相一般，读书又读不进去，母亲看见他就难免会产生厌烦的感觉。看到他的作业本上总是打"×"，就情不自禁地抱怨起来："我怎么会生出你这么一个又丑又蠢的笨蛋？"

孩子虽然迟钝，但也有羞耻心，听了妈妈的话后，他对自己的前途完全绝望了，慢慢地走上了歧途。

如果孩子天生有缺陷，尤其是生理缺陷，家长千万不要嫌弃，更不能同其他孩子进行比较，而是要更加耐心、细心地照顾他，使他时时感到温暖，并让他克服自身的缺陷给生活和学习带来的不便。

作为家长，为了鼓励孩子增强对生活的信心，就应该更加细心和热情地去发现孩子的优点。

观点归纳

① 孩子的某些缺点，从另一个角度看也是优点。

② 多盯孩子的优点，少盯孩子的缺点。

③ 批评孩子，从赞扬开始。

2. 正面理解孩子的不听话

一次，爸爸宴请客人。爸爸先给朋友家的孩子倒果汁，他 6 岁的儿子就不高兴了，把杯子打翻，然后边哭边打爸爸。爸爸跟他讲道理，他怎么都不听。

一个 7 岁的小女孩，睡前突然提出这样的要求："妈妈，我要吃麦当劳的薯条。"妈妈说："乖孩子，今天先睡觉，明天妈妈带你去买。"谁知女儿又哭又闹："不！我现在就要吃！"劳累了一天的妈妈差点被女儿逼得大叫起来。

一个9岁的男孩正面临期末考试，可放学一回家就看起了动画片。爸爸催他看会儿书，结果却反遭儿子的白眼："我就是这样的人，要是对我不满意，那你们当初生我干什么呢？"

案例分析

很多家长在教育孩子时都有一句口头禅："孩子，听话。"

家长都希望孩子"听话"，当听到"你家孩子真听话"的赞扬时，家长都会很自豪，认为自己的孩子乖，讨人喜欢。

某小学心理信息采集与分析中心曾对当地1000多名学生进行了调查，发现高达九成的家长只希望孩子"听话"，却没有一个人注重开发孩子的创新潜能。

在传统的家庭观念中，家长有绝对的权威，孩子必须听家长的话，不管这"话"说得有没有道理。对于家长的要求和教导，孩子根本没有辩驳的权利。这个观念一直延续到今天，依然在许多家长的脑子里根深蒂固。

然而，家长应该认识到，过于"听话"的孩子未必就是好孩子。家长总是用"听话"两个字去教育孩子，势必会在孩子的心里灌输一种观念：家长的话都是对的，老师的话也是对的。

这在相当程度上限制了孩子的独立思考和思维创新能力，限制了他质疑精神的培养和发展，会使他逐渐形成唯唯诺诺的性格，不敢表达自己的主见，也缺少创新的勇气。

我们不妨想一想，一个孩子如果时时、处处按照家长的话去做，按照老师的话去做，而没有自己提问题的空间，没有表达自己看法的余地，这不是机器人是什么？如果一个人的言行是受别人支配的，他能有创新意识吗？能有创新能力吗？

这样的孩子很可能只会看家长的眼色办事、看老师的脸色办事，长大工作后没有改变的话，只会看领导的意图办事。

当然，反对"听话"教育，并不是一概反对听家长和老师的话，而是说孩子要通过独立的思维和理解，批判性地接受家长和老师的话，而不能一味地为了"听话"而听话。

应对之策

▲区别看待孩子的不听话

对于孩子的不听话，家长不要一概斥责，而要根据不同情况区别对待。如果涉及道德问题，比如偷东西、撒谎等，就要坚决批评，必要的时候还要采用惩罚措施以此来制止孩子的错误行为。

如果是因为淘气，家长那就完全可以睁一只眼闭一只眼。这是因为，淘气是孩子的天性，是孩子的心理发育特点造成的，所以不必对此管制过严。

孩子不听话，如果是由于思维能力上的原因，这时家长就要支持和鼓励，允许孩子标新立异，并对孩子的想法给予一定的引导，使其朝正确的方向发展。要知道，孩子一旦出现思维上的"不听话"，比如与你意见不一致，就说明孩子有了独立的思考和判断能力，有了自主思考的倾向。

▲注意孩子由不听话到听话的过程

对于孩子的不听话，家长往往会吼道："你这孩子总是不听话，再这样，我就……"接下来就是一连串的惩罚措施。有的家长可能真的会惩罚孩子，有的过后连自己说过什么都忘了。

孩子的不听话，既有家长的问题，也有孩子的"惯性"。归根结底，是家长教育不当造成的。

小明爱挑食，上学后仍然没有改掉这个毛病。妈妈怕影响他的健康，就为他制订了一份食谱，结果他还是挑食得厉害。妈妈强迫他吃，他就反驳："你为什么不吃呢？"

为此，在吃饭时，亲子之间总会出现"临战状态"。

妈妈去请教教育专家，专家给出了三条措施：一是不要光给孩子做素菜，而要荤素搭配；二是孩子不爱吃的菜，家长要有意多吃，还要吃得津津有味，并告诉孩子这种菜有什么营养，对人体有哪些好处；三是跟老师沟通，请老师在班上讲挑食的害处，教育孩子不挑食。

妈妈照这样做了以后，一个多月下来，小明挑食的毛病就改掉了。

面对不听话的孩子，家长要有针对地帮教，如果方法不对，孩子的逆反心理可能会越来越强，并且迁移到其他事情上。

▲不要体罚不听话的孩子

当孩子不听话时，有的家长一怒之下就采取惩罚措施，逼孩子就范。但是，这只会让孩子的身心感到不适或意志遭到压制，就算达到了目的，孩子也只是在家长的强压之下出现暂时的屈服，很难真正从思想上认清自己的错误。

同时，家长长期责骂孩子，孩子就会把"懒得理你"挂在嘴上。

当孩子以这种态度对待你时，其实是他对你已经失望了好长一段时间——因为，他长久以来与父母沟通不畅，干脆就"免谈"了。

如果孩子不听话，家长只有放低姿态跟孩子做朋友，走进孩子的心灵世界才能找到症结所在，并对症下药。

当孩子不听话的时候，家长要保持冷静，不能一味地责怪，要帮助孩子分析情况、说明道理，让他知道问题的严重性，使他从内心接受教育，真正意识到自己的错在哪儿，后果是什么。

总而言之，解决这个问题最根本的办法，还是要家长坚持系统地教育，平时在生活中要多用心，采取合理有效的方法。

观点归纳

① 一向听话的孩子，未必是"好孩子"。

② 孩子不听话，要分清缘由，区别看待。

③ 不听话的孩子，多是有主见的孩子，父母要加以引导。

3. 孩子犯了错，教育方式很关键

在女儿阿娇做了错事之后，妈妈给她讲了一个故事：

一次，有一个小女孩坐在床边用双腿"荡秋千"，突然听到床下"啪"的一声，原来，床底下的一篮鸡蛋被打破了几个。这可怎么办呢？幸亏屋里除了她自己，没有第二个人知道，为了避免麻烦，她干脆装作什么都不知道……

晚上，妈妈发现鸡蛋破了几个，就问是谁干的。哥哥姐姐都理直气壮地说："不知道。"小女孩也说："我也没看见。"

妈妈见大家都不承认，就叹了口气说："既然都不是你们干的，那一定是老鼠干的坏事。"

听了这话，小女孩长长地松了一口气。可是，在以后的日子里，她越来越觉得难受，因为她老是觉得自己心里有一只大老鼠在跳来跳去。她为自己没有向妈妈承认错误感到后悔，因此一直忐忑不安。

终于，有一天小女孩再也受不了了，她鼓足勇气来到妈妈面前说："妈妈，上次那几个鸡蛋是我不小心打破的。"

她以为妈妈听到这件事的真相后会很吃惊、很生气，没想到，妈妈表现得很平静，说："其实，那天我就知道是你做的。"

小女孩一听，感觉脸在发烫，心想：原来妈妈早就知道了啊，她是在等我自己说出来呢。

故事讲完了，阿娇还沉浸在其中。讲故事的妈妈把目光投在她的脸上，慢慢地说："阿娇，你知道这个故事中的小女孩是谁吗？现在我告诉你，她不是别人，就是坐在你面前的这个人。"

"是妈妈？"阿娇顿感意外，眼睛里满是惊奇。

"嗯。告诉妈妈，你怎么评价故事里的小女孩呢？"

"她承认了错误，是个知错就改的好孩子。"

"谢谢女儿对这个小女孩的正面评价。你看，妈妈和你一样，有过犯错误的童年，希望你在犯错误的时候，不要像当时的我那样胆

小，因为爸爸妈妈都喜欢诚实的孩子。"

阿娇点点头，立即向妈妈承认了错误。

案例分析

每个人都会犯错误，这是难以避免的。而同成人相比，孩子更容易犯错误。这是因为，孩子的生活阅历少，心理素质弱，处理事情的能力和心理承受能力还不成熟。正因如此，每个年龄段的孩子都可能会或多或少出现一些问题。例如：

1 岁：吵夜、缠人；

2 岁：无法控制大小便、说话发音不清；

3 岁：不好好吃饭、乱涂乱画；

4 岁：捣蛋、不听话、搞恶作剧；

5 岁：撒谎、欺负其他小朋友和小动物；

6 岁：闯祸、偷拿东西、砸烂玻璃；

7 岁：多动、贪玩、不爱学习；

……

这些事情都是孩子在成长过程中必然会发生的。

发展心理学认为，孩子在小的时候就像一盘录像带，需要体验所有情绪，诸如快乐、痛苦、悲伤、骄傲、自满、受挫、爱恨等；也需要体验一些行为举止，留下适当的印记——在以后成长的道路上，这些印记都是可以利用的资源，能给他指明方向。

遇到问题时，孩子可以通过"心理反刍"找到较为合适的应对方法，这个过程就像人体免疫系统的形成。孩子小时候犯了错误，通过错误来确定与外界或他人的关系，也可以获得对错误的部分免疫。为此，家长要允许孩子犯错误，同时帮助孩子改正错误，并且找到一条让孩子不再重复犯错误的捷径。

应对之策

▲允许孩子犯错误

这天，李当突然得到消息：儿子在学校里花钱请客。李当感到很意外，9岁的儿子平时还算听话，怎么也学起了社会上的这一套风气？请客的钱又是从何而来的呢？

调查之后，李当才明白：儿子在班级里竞选上了副班长，要好的同学要他请客。其中有两位小伙伴的家庭条件不错，平时经常请大家吃饭，儿子也经常参加，这一回，儿子不得不"礼尚往来"。

可这时他手头没有钱，如果为请客向父母要钱，担心遭到拒绝。于是，他想出了一个让父母吃惊的办法：偷家里的钱！

了解事情的原委后，李当感到儿子偷拿家里钱的做法十分不妥，同时又感到不能简单地处理这事。于是，他首先从自身找原因，认为自己对儿子的了解还不够，不了解儿子的小伙伴中有请客现象，儿子也参与了其中；儿子长大了，对请客一事，自己没有进行过正确的引导；过去给儿子零花钱少了，应该多给一点，让他合理支配；最后，由于自己平时随手放置钱包，这才让儿子有机可乘。

在反省之后，李当接着给儿子讲道理，让他明白拿家里的钱也是小偷行为，并制订了使用零花钱的具体方案，要求他花钱之前要先征得父母同意，然后及时记录每天的支出明细。

这一方案收到良好的效果。有时，李当把钱包给儿子，让他自己拿钱，他还要当着爸爸的面把纸币一张一张地数一遍。

成人都难免犯错，更何况孩子呢？孩子犯错误不要紧，关键是，做家长的要找到正确的和可行的办法，引导孩子避免再犯。

允许孩子犯错误，过后家长加以正面引导，帮助孩子彻底改正错误，这样可以保住孩子的自尊心。而一味地批评与指责，只会适得其反，让孩子产生逆反心理，从而重复犯同样的错误。

▲将错误转化为教育的良机

家长要用真心与孩子交流，善于寻找适当的机会引导孩子认识错误，承认错误，改正错误。

孩子有时会隐瞒自己的错误，那是因为他害怕受到惩罚或顾及面子问题。但是，只要家长维护了孩子的面子，又适当、适时地加以启迪，孩子就会认识并改正自己的错误。

▲学会替孩子解围

一次，大刘和几个朋友聚餐，席间，其中一个朋友的儿子碰翻了一杯牛奶，弄得衣服上到处都是。孩子的父亲正要出言指责，大刘却故意碰翻了面前的酒杯，然后他一面收拾桌面，一面自嘲地说自己已经32岁了还是这样不小心。

那孩子在一旁露出了笑脸，孩子的父亲也领会了大刘的意思，就此打住了，未出口指责孩子。

人生本来就是一个学习的过程，对于成长中的孩子来说，没有所谓的犯错，只有经验的积累。成长是一个"试错"的过程，失败的经验和成功的经验一样可贵。

▲有针对性地帮教

孩子犯错误的原因各不相同，性质也会各异。针对错误的性质及其造成的后果，家长应区别对待，有针对性地帮教。

对一些因为无知或好奇造成的错误，比如孩子发现了一个新鲜事物，想了解其中的奇妙之处，便不知轻重地将其损坏等，如果损失不大，建议家长鼓励孩子多犯这样的"错误"。

这是因为，拆卸旧钟表、旧玩具，组装自己想象中的新物件等，会促使孩子动脑又动手，有利于培养孩子的创造性，从长远来看是利大于弊的。

孩子无意识犯的一些错误，比如在打闹中不小心损坏了财物、推倒了小伙伴等，这时家长可以让孩子看看自己造成的后果并承认自己的错误，使他吸取教训，以后自然会少犯这样的错误。

有些错误的发生，家长也有责任，特别是那些孩子因为趋利避害而犯的错误，比如撒谎向家长要钱、模仿家长的笔迹在作业本上签字等。孩子出现这样的问题，当然应该批评，但家长也要反省一下：是不是对孩子要求太高、太严了？是不是过于看重分数，致使孩子不得不犯错误？

家长对孩子的要求过高，容易使孩子害怕失败，一旦孩子尽了努力仍得不到家长的肯定时，就可能犯上述错误。要是这样的话，家长要先做自我批评，然后再说服孩子，引导孩子心悦诚服地去改正。

不过，对于孩子犯下的道德品质方面的错误，家长应该不歧视、不训斥、不痛打，而要平心静气地跟孩子一起回忆以前的好行为，使孩子消除逆反心理，树立自信。

如果家长真希望孩子走正道少犯错误，就要处处严格要求自己。有的家长自己不爱学习，不以身作则，在孩子做功课时自己则打麻将、玩游戏、看电视，这会给孩子造成不良影响。好比"只许州官放火，不许百姓点灯"，这样的教育不会对孩子起到良好的效果。

观点归纳

① 孩子犯错误是成长过程中的正常现象。

② 教育孩子，从孩子犯错误开始最有效。

③ 千万不能体罚犯错误的孩子。

4. 孩子有不良习惯，你要及时纠正

龙龙是一个活泼可爱的孩子，在学校里表现得很积极热心，对参与集体活动充满了兴趣。但他的一些不良行为也很突出，比如经常出其不意地从同学手里抢夺自己喜欢的文具，这经常引起争吵和打闹。

上体育课时，他的胆子就更大了，经常做一些夸张的动作，像翻腾、跳跃、奔跑等，为此他也经常跌倒、摔伤。

在家里，他的问题也不少，例如用手抓餐桌上的菜肴，不喜欢吃就会吐到餐桌上；玩玩具时，会用力拍打玩具；喜爱摆弄电视机，不停地换台，打扰大人正在观看的节目；喜欢玩水，经常把家里弄得乱七八糟。

案例分析

这说明，从小养成的好习惯会伴随一个人的一生，时时处处都起作用。正如著名教育家蒙台梭利所说："3 岁决定人的一生。"

在生长期、发育期，孩子的可塑性最大，最容易引导。学前阶段是孩子习惯和性格初步形成的时期，虽然还没有定型，却是未来发展的基础。一个人小时候的生活环境会对他的人生产生重大影响，所以好习惯最好从小培养。

应对之策

▲从小事开始培养

培养孩子的好习惯不能急于求成，需要从点滴小事做起，比如，培养孩子做事有头有尾的习惯很重要。

一般小孩子做事情，开始时凭热情做得挺好，但最后都会不了了之。这时，家长需要引导孩子，要对孩子说：这件事情的结果有两种，一种是好的，一种是坏的，但你必须把这件事先做完再说。

生活中，孩子会有很多这样的实践机会，比如独自完成每一次作业，完成家长交代的一件家务事……这些事情，孩子都要认真地从头到尾做完。培养孩子做到这一点，等孩子长大后，遇到困难了就会自己去克服。

▲从"第一次"抓起

孩子从生下来到长大成人，这中间要遇到无数个"第一次"：第

一次啼哭，第一次说话，第一次吃饭，第一次穿衣服，第一次上学……这些摆在他面前的事情，使他觉得陌生而好奇。

完成这些"第一次"，孩子所遇到的各种困惑和疑虑都需要家长来帮助解答。而这些"第一次"灌输给他的观念和认识，会对他产生极其深刻乃至终生难忘的印象与影响。

例如，孩子第一次把废弃物随意丢在马路上，家长要及时捡起来，并提醒孩子一定要把垃圾扔进垃圾箱。你这样认真地做了，相信孩子从此会认识到"不能随便丢垃圾"的道理，并在生活中遵守。

如果家长对孩子第一次丢垃圾的行为不予干预，甚至自己也随意丢弃，那么，孩子是不会养成良好的卫生习惯的。

▲积极矫正孩子的不良习惯

在培养孩子好习惯的同时，必然要矫正他的不良习惯。生活中，家长会发现孩子有很多坏习惯：学习不好的孩子，一定是学习习惯不好；品德有问题的孩子，一定是品德习惯不好。

教育家乌申斯基说："神经体不仅可以有天赋的反射，而且在活动的影响下也有掌握新的反射的能力。"也就是说，经过矫正，孩子可以形成新的习惯、新的反射。

文晴的儿子冬冬读四年级，他有一个缺点，就是坐不住。他写一个小时的作业就要站起来十几回，要么开冰箱找吃的，要么打开电视看几分钟动画片，要么站在窗前观察外面的风景。

这种坐不住的习惯，无疑会影响孩子的学习时间。为了矫正儿子的这个毛病，文晴请教了专家。在专家的指导下，她学到了一定的技巧。

回家后，文晴对冬冬说："你是一个聪明的孩子，你能够好好学习的。不过，你一小时站起来十多回，是不是太多了？能不能让我看到你一小时只站起来五回？"

冬冬想了一下，说："五回就五回。"

第二天，冬冬做作业时果然只站起来五回。文晴赞赏地说："好，我儿子真了不起，一天就改掉了一半的缺点，进步蛮大的嘛。照这样，你站四回也能做到。"

冬冬点点头说："四回就四回。"

此外，针对孩子喜欢看动画片的情况，文晴跟冬冬约定：今天你做作业时站起来在三次以内就可以看10分钟动画片，超过三次就不能看动画片了。

这个方法对帮助孩子改掉好动的毛病起到了很好的作用。慢慢地，冬冬完全改掉了这个坏习惯。

▲提出严格要求

一般来说，在幼儿园里，孩子能够很快养成不挑食、把东西放回原处、准时睡觉等行为习惯。

这是因为，幼儿园有较严格的规范，有良好的激励机制。不过，孩子在学校里养成的习惯到了家里就 "忘"了。这其中的原因，除了孩子的习惯具有不稳定的特点外，主要还在于家长没有制订严格的规范手册。

即使有些家长做了规定，但由于对子女的宠爱往往难以执行，而对某项规定一旦破例便会前功尽弃，良好的习惯就再也难以形成了。

所以，要培养孩子良好的行为习惯，制止和消除不良习惯，家长

必须适当地运用表扬与批评、肯定与否定、奖励与惩罚等强化手段。

观点归纳

① 不良习惯对孩子的成长非常不利。

② 矫正孩子的不良习惯，越早越好。

5. 孩子有了性格缺陷，正是教育他的好时机

娜娜是个羞涩的小女生，经常躲在妈妈身后，紧紧拽着妈妈的衣角，探着半个小脑袋看着初次见面的陌生人。妈妈努力挣脱开娜娜的牵扯，想促使她主动与陌生人打招呼，但这立刻会使她变得非常紧张，于是整个人都躲在了妈妈身后。

妈妈只好一边向客人解释"这个孩子特别胆小"，一边又转身再次用力地把娜娜拖到自己面前来，说："出来啊，宝贝女儿，不要怕！"就在这样一个过程中，娜娜委屈地低声哭了起来……

"不要怕"，这是妈妈对娜娜的殷切期望，可这何尝不是娜娜自己的期望呢？但是，在很多场合里，她还是会经常地、不自然地表现出一种紧张不安的情绪。

案例分析

娜娜的表现，就是一种性格的偏差。

美国科学家通过大量研究证实，即使在孩子身上也存在着一些偏差的性格特征。由于孩子年龄小，许多家长并不在意这些偏差，认为他长大了就慢慢会好转。但是，也正因为孩子年龄小，如果家长能早发现他的性格偏差，及时采取相应的方式调教，才会更有效地帮助孩子减少或克服那些不利于自身成长的性格因素。

性格是人格中最核心的组成部分，良好的性格可以使一个人把自己的聪明才智用于正道，让自己和他人同受鼓舞；而不良的性格则可能把一个人引入歧途，让自己和他人一同陷入痛苦之中。所以，培养出好性格对人生至关重要。

一个人的性格固然有一定的先天因素起作用，但主要是由后天形成的。后天的环境、教育等因素，在性格的形成中起着决定作用。从某种意义上说，后天的"养"更为重要。

专家指出，21世纪的人想要适应社会发展的需求，应具备如下性格特征：

第一，要善于与他人相处，要有合作精神。乐于与人交往，乐于接纳别人，才会拥有和谐的人际关系。

第二，能正确地认识现实、接受现实，对学习、生活、工作中的各种困难和挑战，都能妥善处理。

第三，热爱生活，热爱学习和工作。

第四，能够经常保持乐观、愉快的心境，能够笑着面对生活。无

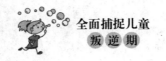

论遇到高兴的或悲伤的事情，都能很好地控制自己的情绪。

有关研究发现，有相当数量孩子的身上有许多不良性格特征，通常表现为不尊重长辈，任性，粗暴，以自我为中心，不合群，缺乏友爱，不关心他人，不容易与他人相处，依赖性强，对困难、新环境和陌生人表现得害怕、怯懦，喜欢被表扬，经受不起挫折，等等。

如果孩子的这些不良性格不能及时得到矫正，对于他今后的成长是极为不利的。

心理学研究表明：学前时期是性格初步形成的时期，虽然幼儿的性格特征还没有定型，但这是他未来性格形成和发展的基础。幼儿性格的形成与家庭、学前教育等有着十分密切的关系。

所以，良好性格的塑造和不良性格的矫正，都应该从小做起。

应对之策

▲矫正孩子的敏感、胆小性格

这类性格的特点，主要体现在以下几方面：

一是对外界环境容易表现出异常的敏感，外部环境稍有变化，孩子就感到紧张和不安；二是与人交往的能力差，孩子喜欢独自安静地玩耍；三是行为小心谨慎和动作缓慢，孩子的情绪比较平静；四是有很强的依赖性，孩子不愿意说出自己的主见和要求。

上述案例中的娜娜就是这类性格。如果孩子敏感、胆小，家长不能苛责他，更不能以"恨铁不成钢"的姿态训斥他；相反，要多花些力气和心思给他充分的抚慰和关爱，以避免他进一步地受到精神伤害。然后，寻找恰当的时机对他做一些指导训练。

例如，让孩子独立地做一些他能够做的事，告诉他："这件事需要你自己去做，妈妈不能代替你。妈妈相信你会做好的，也会一直看着你做。"只有给予孩子关爱与保护，增强他的抗伤害能力，才会有效地提高他的信心和勇气。

▲矫正孩子的散漫性格

会走神的孩子，在日常生活和学习中表现为神情恍惚、无所事事、不容易集中精力、专注一件事的时间不长。这样的孩子，对某一件事会表现出很浓厚的兴趣，但很快就会抛在脑后。

对于这样的孩子，家长要激发他的兴趣。例如，选择一些对他来说有难度的游戏，施以奖励措施：完成游戏的第一步可以得到一种奖励，完成第二步则可以得到另一种奖励等。这样做可以让孩子学会倾听他人的指导，进而增强连续做事的能力，以延长他集中注意力的时间。

▲矫正孩子的冷漠型性格

有这种性格的孩子，表现为对外界环境不太感兴趣，不管是开心的还是难过的事，不管是对别人的还是对自己的事，他都漠不关心，产生不了明显的反应。

如果对这类性格不加以纠正，可能会影响到孩子将来的发展，尤其是在这个强调情商的社会里，一个对任何事情漠不关心的人是很难融入集体之中的。家长要是发现了这个问题，应尽早采取相应的措施。

例如，当自己的孩子跟其他孩子发生冲突时，家长要多去其他孩子那里找原因，因为冷漠的孩子很少会主动跟别人闹别扭，也很少会说他人的不是。

再如，家长与孩子多说话、多陪孩子玩，尽可能地为孩子创造与外界接触的机会，可以使孩子能在与别的伙伴玩耍的过程中掌握人际交往的方法，学会主动表达自我诉求，从游戏中体验乐趣，通过他人的表现去理解他人的感受。

家长也可以多带孩子外出，通过环境的改变等方式，激发孩子对外界的兴趣。家长也可以指导孩子喂养小宠物，以此激发孩子的爱心、同情心和责任心，培养他对身边人和事物的关心度。

▲矫正孩子的固执型性格

有这类性格的孩子，总想按照自己的理解去控制身边的人和事，不愿意听取不同意见，做事缺少灵活性，认死理，一条道走到黑，决不轻易改变自己的态度。

对待这样的孩子，家长如果采取强硬的态度逼他服从大人的安排，是行不通的。因为，强行命令孩子做事取得的效果只是暂时的，真正有效纠正孩子这种性格偏差的办法，是同他进行平等、耐心地沟通，找到双方能够接受的方式，并且坚决地执行。

如果亲子之间的协商成为一种习惯，固执的孩子自然会慢慢改变。不过，在处理这类问题时，家长要注意以下几点：

（1）要关注孩子内心的需要。当孩子坚持自己的无理要求不去改变时，可能他的目的只是想引起家长的关注。

（2）当孩子任性的时候，家长不要针锋相对，不妨适当让一步，先满足孩子的内心需求，然后再教育他学会为自己的行为所带来的后果负责，避免类似行为的再次发生。

（3）日常生活中，启发孩子掌握多角度解决问题的方法，增加孩子思维的灵活性以及解决问题的灵活性，克服一根筋的思维。

▲矫正孩子的大胆冒险型性格

有些孩子真可谓"傻大胆"，整天处于一种很兴奋的情绪状态，习惯性地不停碰碰这、摸摸那，似乎没有一刻安静的时候。出现这样的情况，主要是孩子的意识中没有什么害怕和担忧的事，自己愿意怎么做就怎么做，不考虑后果。

有这种性格的孩子，在小时候就会明显地表现出喜欢攻击、侵犯他人的倾向。对此，家长不妨先从外部控制孩子冲动的情绪，再渐渐让他学会自我控制。最为有效的办法，就是跟孩子一起玩规则性较强的游戏，以养成他的规则意识和自控能力。

观点归纳

① 不良性格会影响孩子的成长。

② 孩子出现不良性格倾向，必须有针对性地加以矫正。

6. 孩子依赖性强，要趁早纠正

任奇是个 9 岁的小男生，他有一个独立的小房间，如果妈妈不收拾，里面就十分凌乱，因为他从来不会主动收拾。

每天晚上，在任奇睡熟之后，妈妈都要过来帮他整理房间，并且

把第二天他上学要带的课本和文具准备好。每天早晨，任奇都是在妈妈的提醒下起床上学的。不光是这些事，几乎在所有的事情上，他都是由父母代为安排的，一旦父母不在，他就不知道怎么办好。

案例分析

现在的孩子由于生活条件比较优越，加上父母过多的娇惯与包办，使他在学习和生活上对父母的依赖性很强。例如：每天写完家庭作业，需要父母逐字、逐题检查；一碰到学习上的难题，就叫父母帮忙；第二天要用的学习用具，需要父母提前准备好；手绢、红领巾、袜子，需要父母清洗……

总之，离开父母，这样的孩子似乎什么也做不了。

孩子是在父母的怀抱里长大的，自然会依赖父母，因为父母是孩子最可靠的安全屏障。年幼的孩子正是在这样的保护下，逐步建立起自信与自卫的能力，最终脱离父母成为一个有心理防卫能力、有独立人格的人。

因此，对一个孩子来说，依赖父母是正常的。但是，随着年龄的增长，这种现象应当越来越少，孩子要呈现出越来越多的独立性，内心有足够的安全感支持他去探索周围的世界，而非时时被各种恐惧所包围。

不过，有的孩子到了青春期，仍然会对父母表现出特别强烈的依赖性。

心理学家认为，一个人会担心失去自己所爱的人是十分正常的。但是，如果这种担心很强烈，以致当他与所爱的人不在一起时，便会常常为这种担心所困扰，甚至达到了干扰他正常生活的强度与频次，这就不正常了。

对父母过分依赖的孩子，容易事事依赖他人，这对他的成长是极为不利的。过分依赖父母和他人的孩子，会表现出许多不成熟的迹象，主要如下：没有主见、胆小怕事、遇事退缩；遇事总是要别人帮助，屈从他人；逆来顺受，无反抗精神；进取心差，意志薄弱，在困难面前惊慌失措，经受不住挫折和失败；人际交往能力差，孤僻、自我封闭。

过分依赖父母，会使孩子失去物质和精神生活的独立自主性，这会导致他不能独立思考，缺乏创造的勇气，自我肯定性较差，总是陷入犹疑不决的困境。生活中，他需要别人的鼓励和支持才能行动，并且好吃懒做，坐享其成，不思进取。

依赖性这一不良表现，如果不及时得到纠正，发展下去危害很大，可能会产生以下两种不良后果：一种是性格柔弱的人，属于缺乏自主型。他没有主见，遇事不能独立思考，甚至日常生活中的琐事都要别人为他出主意。

另一种是依赖性较强的人，属于缺乏自信型。生活中，他总是感到事事不如别人，对周围的人和事颇为敏感，甚至可能由于某些微不足道的负面评价而成为自卑的人。

应对之策

▲放手让孩子做事

孩子的特点是好奇、好动，一般都愿意参加活动。家长要尽早让

孩子练习一些基本的生活技能，如穿衣、穿鞋、擦桌子、洗袜子等。凡是孩子自己能够做到的，家长尽量不要插手，给孩子足够的时间去思考、尝试，锻炼他的动手能力。

孩子感觉自己有能力去做好某件事，就会果断地去做。一开始，他会出现一些问题，但经过多次锻炼，就能处理好自己的事情。

一位妈妈从小学一年级起就培养女儿自己收拾书包去上学。有一天，女儿着急收拾书包时忘带水瓶了，结果渴了一天。第二天，她起床后的第一件事就是灌水瓶，然后装进书包里，以后再没忘记过。

这在教育理论中被称为"自然后果教育法"，非常有效。

▲不要为孩子包办一切

有位妈妈对孩子干预过多，为孩子上完厕所擦屁股的事情也一直管到8岁。最后，亲戚朋友提出批评了，妈妈才去找孩子谈"自理"，没想到孩子坚决不同意。爸爸生气地质问道："上完厕所，你为什么不自己擦？"

孩子居然理直气壮地答道："因为太臭。"

孩子出现这样让人哭笑不得的严重后果，是这位妈妈当初万万没想到的。孩子过分依赖家长，与家长的过度包办有极大的关系——孩子已能自己吃饭，但害怕他打翻碗弄脏衣服，去把饭勺抢过来喂他；七八岁的孩子了，还要帮他穿衣服，给他洗脸、洗脚。

这样做会让孩子产生严重的依赖性，表现得非常懒惰，不愿动手做事，思维不活跃，遇事没主见，没有进取精神。所以，家长一定要避免以上问题的出现，凡是孩子的事，让他自己去做。

▲对孩子的要求要与孩子的能力相符

在培养孩子动手能力的同时，要按孩子的年龄、能力的发展程度对他提出适当的要求。如果对孩子的要求过高、难度过大，会使他产生畏惧情绪甚至自卑心理；要求过低，又不能激发孩子的兴趣。

　　事实上，伴随着孩子生理的发展，他的肢体活动能力增强，自主性也相应开始发展，独立性逐渐增强，这时正是家长帮助孩子培养良好习惯的时候，家长要坚持给孩子提出一些要求，让他自己去完成。

　　当孩子看到自己完成了许多事情，他的自信心和责任感便会增强，从而减少对家长的依赖。

　　▲改变孩子已形成的依赖心理

　　家长一旦发现孩子有依赖性，就必须及时予以纠正。生活中，要注意适时让孩子做自己力所能及的事，多让他承担一些自己能承担的责任。随着孩子年龄的增长，让他承担责任的范围也要相应加大。例如，6 岁时可以让孩子学着自己洗毛巾、袜子；7 岁时让他收拾自己的床、抽屉；10 岁时让他学做简单的饭菜。

　　在孩子能独立自主时，家长不要干涉过多。如果一方面要求他自立，另一方面对他限制约束，会让他感到左右为难，产生怠慢情绪，甚至回到以前那种诸事只求"外援"的局面。

　　家长要对孩子主动提出的要求做出及时、亲切的回应，不要模棱两可，更不要粗暴拒绝，挫伤孩子的积极性。对合理的要求要加以支持、满足，反之则应予以明确拒绝，同时不忘向他讲明支持或拒绝的原因。

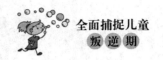
观点归纳

① 孩子对父母的依赖性强，不利于将来在社会上发展。

② 培养孩子独立做事的能力，让他早日做力所能及的事。

7. 孩子太懒，你要从自身找原因

刘柳非常"贪被窝"，每天早上妈妈一次又一次地叫她起床，可她总是赖床不起。要是上学迟到了，她反而会责怪爸爸妈妈没有及时把她从床上拉起来。

一天，妈妈对刘柳说："女儿，上学是你自己的事，迟到了你应该自己来承担责任。为了不迟到，晚上睡觉前你要设好闹钟，早晨闹钟一响自己起床，没有人再会叫你了。如果再迟到了，也只能由你自己承担老师的批评。"

刘柳知道以后不能再依靠父母了，第二天闹钟一响，她果断地起了床，去做自己该做的事情。

案例分析

教育家苏霍姆林斯基说："在我们的时代，物质福利不断涌进儿童、少年和青年早期的生活，以致出现了这样一种危险：儿童和青少年可能丧失关于这类福利是劳动创造的观念，甚至完全不知道它们是从哪儿得来的。

"现在，一个非常复杂的教育学和社会学的问题就是要在儿童、少年、青年身上培养对待物质福利的态度。这个问题也是我们当代的中小学生要面临的一个问题，集中体现就在一个懒惰的问题上。"

小时候，孩子都是好动的，对任何新鲜事物都很好奇，总是跃跃欲试，例如扫地、洗碗等。可是，在他参与劳动或有做事的积极性时，有的家长怕孩子做不好或者弄坏东西、弄脏衣服，从而加以制止。这样，孩子就失去了尝试的机会，从此他便会心安理得地等待家长的伺候。家长也许没意识到自己扼杀了孩子勤劳的特质，直到他长大后越来越懒了，家长才像刚刚发现一样惊呼："这孩子怎么这么懒呢？"

勤奋永远是成功的钥匙和第一推动力，具备了勤奋这种可贵的品质，就等于成功了一半。所以，做家长的一定要纠正孩子身上懒惰的恶习，培养孩子勤奋的美德。

应对之策

▲鼓起孩子的干劲儿，用目标改变懒散习惯

品品很聪明，学习好还是班干部，不过她有一个毛病：懒散。

她因为懒得分步骤解题，数学题只用例题指导的方法去解，所以无法做到求新求异。在家里，她最喜欢的就是靠在沙发上随手找些瓜子、话梅等零食吃，看电视着迷时连果壳都懒得扔到垃圾桶里，弄得满地都是。开家长会，老师反映她能说会道，但是光说不干。

孩子出现这样的毛病，多是由于他的生活环境过于安逸，而自己

又缺少目标造成的。

如果孩子没有目标，家长可以间接地给他制订一个目标，但目标不要太高，可以是比较容易实现的，然后再给奖励。这会很好地鼓起孩子的干劲儿，进而使孩子克服懒惰的习惯。

▲让孩子保持情绪上和体力上的活力

平平的睡瘾很大，白天也爱睡，书看不到半小时就开始打瞌睡，没有孩子应有的朝气。妈妈想让他帮忙做点事，还没开口呢，他会先喊累。

妈妈认为平平之所以懒散，是因为缺乏活力。于是，妈妈帮他采取"分段学习"法，学习半小时休息10分钟。背课文也一样，背两段休息一会儿。复习时，又跟他一起用问答方式整理资料，避免他一个人学习时打瞌睡。做完作业，还会让他下楼踢足球、打羽毛球，使他保持活力。

这样坚持的结果是：期末考试，平平取得了意想不到的好成绩。

▲教孩子正确的做事方法

呈呈的懒，表现在事事会向大人求助：起床时，她会懒洋洋地睡在被窝里，等妈妈给她穿衣服；东西掉到地上，她假装没看见；她纠缠妈妈，就是想让妈妈帮她做这做那。妈妈故意不帮她，让她自己做，结果还是不行，原因是她不会做。

因此，妈妈把力气花在示范正确的做法上，比如洗袜子这样的小事，妈妈会耐心地教她先将肥皂涂在袜子上，慢慢地揉搓，最后再用清水洗净。穿衣时，告诉她先套左臂，衣服更容易穿上，等等。

教孩子做事的方法，比只敦促他做要有用。呈呈学会了做事，懒散的行为也就有所改变。

▲激发孩子内心的需求

小禹是家里的独生子，从小家长就帮他打理一切。到了可以自理的年纪时，他还是吵着让家人穿衣、整理书包、买零食等。家长出于对孩子的爱，一次又一次地满足了他。

现在，小禹已经上六年级了，还是什么都不想做——做作业也总是拖拖拉拉，一劳动就想方设法偷懒。他说自己也不知道为什么会这样，老师和家长更是拿他没办法，批评、惩罚都没用。

每个人都有自己的需求，而需求能不能转为明确的目标，这要看行动。孩子有懒惰或拖拉的行为，是没有明确的目标，不知道自己究竟要什么。所以，让孩子克服懒惰的行为，家长就要激发孩子内心的需求，明确目标，让孩子明白自己的努力就是为了达到这个目标，从而形成自觉的行动。

▲制订合理的作息计划表

小琴天天早上不爱刷牙、洗脸，晚上也不洗脚就睡觉。在家里，她从不帮妈妈做家务，甚至连作业都是潦草地写完。

面对小琴的懒惰，家长真不知道该怎么办才好。

孩子懒惰，大多是因为没有形成好习惯。所以，家长可以跟孩子共同制订一个作息计划表，把每天要做的事情都列出来，并坚持在一个半月之内严格按照作息计划执行。只要坚持下来，慢慢地，孩子过上了规律的生活，就不会再出现懒得去做某事的行为了。

观点归纳

① 孩子太懒惰，与父母的溺爱有关。

② 鼓起孩子做事的热情，让孩子品尝到做事成功的快乐。

8.孩子的礼仪教育，需要父母以身作则

青青快 7 岁了，最近父母发现他越来越没礼貌了。有一次，他和爸爸一起去买菜，买完他拉着小车走在后面，不小心掉了一包菜，路人发现了帮忙捡起来。爸爸让他向人家道谢，他却满不在乎地表示："我和他又没什么关系，为什么要谢他？"

听到儿子的话，爸爸惊讶不已。

在学校里，老师见到青青，微笑着跟他打招呼，他理都不理。周末，家里来了客人，妈妈对他说："青青，快叫叔叔阿姨。"他却漠然地看了客人一眼，扭头就回房间。妈妈见此，尴尬不已。

看到别人家的孩子个个有礼貌，青青的爸爸妈妈担心儿子的性格会变得孤僻，影响他的人际交往。

案例分析

礼貌是人与人进行交往的良好习惯和方式，是对一个人最起码的

礼仪要求，它是人与人之间正常交流的通行证，是人的内在品质的具体体现。

人与人之间互相了解，一般都是从礼仪开始的。一个举止优雅、彬彬有礼的人，学习和工作会很愉快，更容易交到朋友。

一个有教养的孩子必然懂得良好的礼仪，这样的孩子才受人欢迎，按心理学上的说法，也就是"被众人接纳的程度高"。

有些家长认为，现代社会是个自由的社会，懂不懂礼仪没关系，只要学习好、有真本事就行了。还有些家长则认为，小孩子天真无邪，长大了就会懂得礼仪的。

其实，这些都是认知的误区。一方面，礼仪要从小培养，让孩子从小养成好习惯，否则养成坏习惯再改就会很难；另一方面，越是懂礼仪的孩子，越能获得自由发展的广阔天地，因为他会受到更多人的尊重和欢迎。

应对之策

▲对孩子的个人礼仪提出要求

家长要有意识地向孩子强调注重个人礼仪的重要性，所谓"站有站相，坐有坐相"。也就是说，人在举手投足之间会表现出他的修养，比如，一些人很少说话，但通过他的举止能让人感受到他的人格力量。

从某个角度看，培养孩子"坐如钟、站如松、行如风、卧如弓"，不只是健康教育，同时也是行为教育、形象教育。因为，家长都希望自己的孩子举止端庄、文雅，希望他有展现自己个性的行为举止。

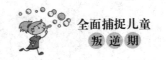
教育孩子保持仪容、仪表的整洁，要把脸、脖子、手都洗得干干净净；勤剪指甲勤洗头；早晚刷牙，饭后漱口，注意口腔卫生；经常洗澡，保证身体没有异味；衣着要干净、整洁、得体。在与人交往时要面带微笑，千万不要出现随便剔牙、掏耳朵、挖鼻孔、挠痒、抠脚等不良习惯动作。

此外，还要教育孩子使用文明礼貌用语，如：请，您好，再见，谢谢，对不起。

这十个字虽然简单，却集中了礼貌用语要表达的全部内涵，即对他人的尊重、关心、热情、谦让。家长一定要培养孩子经常地、主动地使用这些字眼，成为他的语言习惯。

▲家长要做讲礼貌的模范

如今，大多数孩子都是独生子女，因此，部分家长对自己的"独苗"宠爱有加，规劝不足。有些家长，平日里自己就很跋扈，动不动就爆粗口，甚至威胁别人。还有的家长因为有点职权而目空一切，这都会让孩子受到不良影响。

所以，家长首先要注意提高自身的修养，使用文明用语，在家里不讲粗话、脏话，家人之间说话要和气，多使用礼貌用语。

如果家长尊重老人，每天早晨起来向老人请安问好，孩子自然会敬重爷爷奶奶，对爷爷奶奶有礼貌；如果家长有事去找别人帮忙时先敲门，经主人允许后再进屋；如果家长不小心碰到了别人，主动向对方道歉——这样，孩子遇到类似的情境，就会模仿这种好习惯。

▲教会孩子有礼貌地说话

在公共汽车上，6岁左右的亮亮伸着双手趴在售票台，声音甜美地对乘务员说："阿姨，请您给我买一张票吧。"

乘务员夸奖地说："真是一个有礼貌的孩子。"买完了票，亮亮高高兴兴地回到妈妈身边坐下。

亮亮妈妈见儿子这么有礼貌，心里不禁想起教亮亮怎样讲礼貌的点滴细节来。

一开始，妈妈也不知道怎么教孩子讲礼貌，发现他没礼貌就批评他。后来，亮亮问："妈妈，您总是批评我没礼貌，那到底什么是礼貌呀？"这一问，妈妈才省悟过来：要想孩子懂礼貌，就得教他。

从那以后，爸爸妈妈就从日常生活着手，有意识地在不同场合、根据不同对象教亮亮如何去做。例如，早上要主动向熟人问好，对长辈说话要称呼"您"，分别时要说"再见"，请求别人帮助要用"请"，得到帮助要说"谢谢"等；大人讲话时不要任意插嘴，家里来了客人要有礼貌地回答客人的问话，到别人家里不能随意动人家的东西等。

有一次，妈妈在做家务，让亮亮帮忙去拿一下清洁剂。亮亮照办了，随后说："妈妈，我给您拿了东西，您还没有谢谢我呢。"

这句话让妈妈感受很深，我们不能总是要求孩子怎样，自己却搞另外一套。孩子的礼貌语言和行为多是从家长那里模仿来的，家长起到榜样作用才能感染孩子。

孩子是否会有礼貌地说话做事，主要受家庭的影响——家长留下的榜样会在他的心灵打下烙印。随着孩子长大，他受家长的影响会越来越小，而受社会的影响会越来越大。所以，从孩子很小的时候起，家长就要正确地教育他养成礼貌的习惯。

▲从做客教起

旗旗小朋友快 8 岁了，他有一个很不好的习惯，令爸爸妈妈伤透了脑筋。那就是，如果家长带他去朋友家里玩，他老喜欢东摸摸、西碰碰，乱翻别人的东西，有好几次竟然把自己中意的东西藏在口袋里，到临走都不肯拿出来。说他几句吧，他竟然还耍小性子。

对于这样的孩子，家长该怎么办呢？

（1）做客前先告诉孩子一些规矩

家长在做客前先告诉孩子一些规矩，比如，到别人家里要懂礼貌，什么事情可以做，什么事情不可以做。家长还可以根据孩子以前做客的表现，着重要求他某一方面的行为，比如对大人说话有礼貌，不要乱翻别人的东西。

（2）描述情景，引导孩子判断正误

家长可以举其他小朋友做客时的例子，分别描述正确与不正确的事例，鼓励孩子判断哪些小朋友做对了，哪些小朋友做错了，并讲明判断对错的理由。通过判断对错，让孩子明辨是非，知其然也知其所以然，理解深刻、记忆长久才能指导今后的行为，知错不犯错。

（3）举办互动游戏，让孩子从中体验

具体玩法：家长设计各种做客的情景，比如，去亲戚家、朋友家、同学家做客等，让孩子表演做客的言行举止。在游戏中，家长可以对孩子的表现及时反馈、进行评价，巩固强化教育的效果。

▲及时纠正孩子不礼貌的行为

当孩子爱打断别人谈话时，家长要先心平气和地告诉孩子，打断别人的谈话是不礼貌的行为。但也要谨守原则，千万别在孩子插嘴时回应他的要求，否则他会不断重复这种行为。

在谈话告一段落后，家长要主动问孩子："你想做什么，我现在可以来帮你。"要让孩子明白，这时候你才能听他说话，满足他的需要。

有的孩子在公共场所吵闹不休，要解决这一问题，关键是要在外出前先告诉孩子外出的目的是什么，在公共场所要注意什么。

同时，家长也要坚守自己的原则，例如，孩子在超市奔跑、吵闹，屡劝无效时，要问他："你是要安静下来，还是要离开？"如果孩子不听劝，就冷静地带他回家，千万不要舍不得选好的物品。

家长要让孩子明白，除非在公共场所表现适宜，否则不会再带他去。下次出门前，家长可再跟孩子谈一次是否了解了这些规则，能不能遵守。

如果孩子说出"你是个笨蛋""叔叔，你的嘴巴好臭""这个女孩好丑"等讽刺对方的话，家长要做的是持续教导孩子做出适当的语言行为。因为，当孩子再大一点时，需要学的不再只是"请"和"谢谢"，而是以正确的态度处理与成人的关系。

例如，一位妈妈带着女儿去参观博物馆。在回来的公交车上，女儿看到一个身材臃肿的女子，她天真地告诉妈妈："那阿姨好胖哟。"这时，车上所有人的目光一下子都集中到那人身上，场面尴尬极了。只见妈妈轻声地说："女儿，你背的包有几种颜色？"

"很多啊！有红色、黄色、白色……"

"哪一种颜色好看呢？"

"都很漂亮啊！"

"那就对了，只要心肠好，不管是胖子、瘦子、高个子、矮个子，都是好人，大家都会喜欢她的。"

"我知道了。"女儿转而对那阿姨说，"阿姨，对不起，您是好人，我喜欢您。"

听到这样的对话，大家心里都深深敬佩这位善教的妈妈。

家长也要教孩子将心比心，体会别人的感受与反应，可以这样问孩子："如果别人也这么说你，你会不会很难过？如果会，就不要再这么说了。"

此外，家长还要提醒孩子，常常说这种话会得罪人，没有人会喜欢跟他做朋友。再跟孩子讨论他的情绪变化感觉，建议他使用其他文雅的语句，这样会比纯粹的斥责有效得多。

观点归纳

① 礼貌是孩子受欢迎的原因，也是培养交际能力的基础。

② 父母有礼貌，孩子才有礼貌。

③ 培养孩子的礼貌，可以从孩子待客和做客开始。

9. 孩子爱逃学，找出根本原因

一家教育机构围绕学生逃学的专题，对部分中学生做了一次心理信息的采集，采集样本 3000 多份。调查结果显示：46% 的学生曾有过逃学的念头，32% 的学生有过离家出走的想法，12% 的学生有过逃学行为，5% 的学生有过离家出走的行为。

其中，逃学的学生里，有 38.83% 的学生是到网吧聊天、玩电脑游戏，10.58% 的学生是与朋友在一块玩，14.1% 的学生是一个人在外闲逛，只有 9.86% 的学生是待在家里。

至于逃学的原因，认为"学习压力太大"的有 37.2%，"与父母的矛盾导致"的有 36.9%，被老师批评的有 9.45%，被校外朋友影响的有 5.7%。

案例分析

逃学是不良行为，多发生在中小学阶段，是家长非常苦恼、又迫切想解决的问题。

孩子的逃学有几个阶段，起初是由于学习成绩不好，受到老师或其他同学的排斥，在学校里产生了不合群的障碍。

这时，想旷课与必须到校的动机之间产生了尖锐的矛盾，最后因为逃学的动机终于取胜而拒绝到校。如果家长不知道或默许孩子逃学，那么，孩子逃学就会成为持续性的行为。

如果家长不准孩子旷课，有的孩子就会离家出走，或产生其他不良行为问题。逃学的孩子流向社会，会造成一些社会问题，这也是低龄犯罪人数增加、影响社会治安的因素之一。

逃学有复杂的心理机制的原因，它以孩子的个性心理特征为基础。除了主观原因外，根据上述调查的数字，还有几个客观原因，其

中家庭原因有：

（1）家长对孩子要求太高

除了学校的功课外，部分家长还给孩子报英语、数学等课外班，还让孩子学舞蹈、学钢琴……一个星期的日程表排得满满的，远远超过了孩子力所能及的程度，孩子接受不了，甚至产生消极的对抗情绪，逐渐会对学习失去兴趣。

（2）家长自身的问题

溺爱会使孩子过分依赖家长，孩子习惯了在家长身边，到学校里会产生害怕和陌生的感觉。有些家长经常争吵，导致孩子情绪不好，担心父母离异，产生不安全感。这些都可能导致孩子逃学。

应对之策

▲循循善诱冷处理

对于逃学的孩子，家长不要不问青红皂白地就进行教训，这很有可能将孩子原本不多的求学热情扫荡得一干二净，也易使孩子因怕被惩罚而撒谎。

再者，如果家长教训得太重了，就会给那些不良分子以可乘之机，使孩子更快地向那些人靠拢，这样做的后果是不堪设想的。

正确的做法是，家长要先来个"冷处理"，先平息自己心中的怒火，然后再积极地去了解孩子逃学的原因，对症下药。

▲针对不同原因采取措施

有的孩子不喜欢学校，是因为在那里没朋友。如果孩子总是自己一个人待着，或者假装生病逃避课外活动，或者以送礼物来讨好别人，很可能就是在学校里没朋友。

　　教孩子一些社交技巧，可以帮助孩子解决这个问题。应该多为孩子创造与他人互动的机会，例如让孩子帮助老师派发作业本，或者带孩子去游乐场，让孩子与其他小朋友一起互动做游戏。同时，家长也要传授孩子一些结交朋友的技巧。

　　有的孩子讨厌学校，是因为他害怕被同学欺负。如果孩子过分沉默、焦虑，或突然自信心低落，那他可能是在学校里受人欺负了。

　　解决此类问题，常见的方法是家长单独找老师了解情况。但这样做还是不够，因为向老师了解情况并不能保证孩子不再受人欺负，所以，最重要的是，要帮助孩子找到防止被欺负的办法。

　　有的孩子不喜欢学校，可能是因为有学习障碍。他无论怎么努力，进步都很有限，加上家长和老师不予体谅和帮助，久而久之，自然会抗拒学习。

　　有学习障碍的孩子，常常精神沮丧，总是没法完成作业，或者总是不听从老师的话。对这样的孩子，家长应跟专业的心理医生取得联系，尽早找到方法。

　　▲注意孩子的交友对象

　　如果与孩子来往的其他伙伴都是一些爱逃学、怕学习的，那孩子之间就会互相影响，一起商量着逃学后去干什么，借其他同学的作业来抄，如何跟父母撒谎等。

　　所以，家长要仔细了解和观察与孩子来往的其他孩子的表现，如果发现孩子与别的孩子一起逃学，就应该与其他孩子的家长一起纠正孩子的逃学行为。

这时，对带头逃学的孩子的教育是最重要的。正所谓"擒贼先擒王"，只要尽力将"王"的逃学行为改变过来，其他孩子就会服从"王"的命令，从而回到学校来。

观点归纳

① 孩子爱逃学的理由有很多，应该先找原因再采取相应的措施。

② 对待爱逃学的孩子，要善于启发、诱导，不能棍棒相加。

第四章

说孩子：欣赏多一点，抱怨少一点

　　孩子的进步不是一蹴而就的，不管是学习方面的进步，还是为人处世方面的进步，都是一个循序渐进的过程。

　　在这个过程中，家长要有耐心和信心。对孩子的每一个小进步，都要抱以欣赏和支持的态度；而对孩子不如意的地方，则要多加鼓励和谅解。总之，要多一些欣赏，少一些抱怨。

　　好孩子是夸出来的，也是鼓励出来的。

1. 赏识比抱怨更重要

小春是一个聪明、可爱、活泼的孩子，如果好好培养，将来一定能有不错的发展。可惜的是，爸爸并不相信小春的潜力，对他的淘气行为总是看不惯，稍不如意就惩罚，嘴里还没完没了地唠叨："天生不是成才的料。"

结果，小春柔嫩的心灵抵不过世俗的打骂，越来越失去了信心，最终真的成了一个庸才。而他的爸爸，就像事后诸葛亮似的，振振有词地对小春说："我说对了吧？说你不行，你就不行！"

案例分析

小春的爸爸认为孩子不是学习的料子，说明他自己并没有识才之慧眼。由于不知道怎样教育孩子，他就挥起恶棒，还说讽刺的语言，最终毁掉了孩子的前程。要知道，即使是荆山之玉也需要识别、雕琢，否则也只能是一块石头。

在教育理念中，赏识教育与打骂教育是截然不同的两个概念。实践证明，赏识教育是开启孩子心灵的金钥匙——不少孩子有这样的体验，因为在某次考试中考出了好成绩，从此就爱上了这门课程；反之，如果屡遭失败就可能引起孩子对这门课程的厌恶。

可见，成功意识对于孩子的成长是非常重要的。

赏识是一种理解，也是一种激励。赏识是孩子乐于接受的，并能让父母走进他的心灵，是让他在快乐中成长的一种教育方法——因为，孩子能敏锐地感觉到父母对他的态度。父母的态度是孩子对自身言行做出价值判断的依据，赏识是激发孩子内心张力不可缺少的外部驱动力。

事实表明，在孩子的成长过程中，赏识是促使他将自身能力发展至极限的最好方法。

应对之策

▲抱怨，不如引导

孩子是一块璞玉，需要雕琢。在教育孩子的过程中，抱怨会让他产生自卑和逆反心理。相反，赏识并加以引导才能给孩子正确的成长方向。

赏识和引导是相辅相成的。家长在赏识孩子的同时，引导孩子沿着正确的方向走，做孩子的指路人，这样才能帮助孩子获得成功。

▲用宽广的胸襟赏识孩子

在孩子的世界里，他对周围的一切都充满了好奇。在他急切地想要满足自己的好奇、尝试探索周围一切的时候，难免会犯这样那样的错误。家长要以宽容的胸襟赏识孩子，比如宽容孩子的过错，允许孩子表达不同的意见。

作为家长，要理解孩子，不仅要看到孩子的可爱之处，还要接纳孩子的不足之处，对孩子的某些"破坏"行为要予以理解。

荷兰著名物理学家昂尼斯生于一个书香之家，他接受了良好的家庭教育，几乎读遍了长辈们所有的藏书。除了酷爱读书外，他还爱做实验，用实验证明书本里的知识。他把家里最高的阁楼做成自己的"天文台"和"实验室"，一有空闲就钻进里面埋头学习和钻研。

一次，小昂尼斯做实验时不小心着火了，直至烧毁了大半座楼房。小昂尼斯自知闯了大祸，吓得逃到荒野，整夜不敢回家。

儿子不见了，这可急坏了父母，他们还以为孩子葬身火海了，可等火灭后清点残迹时，没有发现一点孩子的踪影，便又四处寻找。直到天亮时，他们才在田野里发现了吓得哆嗦成一团的儿子。

"爸爸，我对不起你，你会打我吗？"小昂尼斯哭着问。

父亲一边心疼地拥抱着他，一边安慰他说："没关系，为了研究科学，你就是把自家的房子全拆了，我也不会埋怨你。"

"爸爸，我以后再也不要做这种试验了。"小昂尼斯保证说。

"那怎么能行？如果不做实验，你怎么能学到真正的知识？孩子，别怕，以后小心点就是。"

小昂尼斯对父亲的宽容十分感动，他不负父母的期望，经过努力终于在学术上做出了一番成绩。

孩子的失误有时是故意的，应该批评；有时不是故意的，而是因为缺少经验——该不该批评，要看这件事的性质。如果孩子的出发点是好的，即使造成了错误也要冷静处理，帮助孩子分析原因，指导孩子找到正确的方法，鼓励孩子再接再厉，就如昂尼斯的父亲一样，这样对孩子的成长十分有益。

▲真诚赞美孩子的正确行为

家长常常会因繁忙的工作而忘记表扬孩子的优点，也会忘记在孩子困惑的时候帮他一把。相反，他们只有等到孩子犯错误之后才会去关注他。事实上，孩子有时是想通过犯错误来引起家长的注意。

因此，家长应该懂得去发现孩子的正确行为，而且予以重视和嘉奖。要记住，不是聪明的孩子被夸奖，而是夸奖会使孩子变得更聪明。

在适当的时机、适当的场合，可以适当地给予孩子夸奖，以唤起孩子的自信心。当孩子办好一件事后就给予真挚的赞美，比任何其他方式都更能激励孩子热爱生活和取得好成绩。

▲努力强化孩子的自我肯定

自我肯定是自信的一种表现，而对于自卑情绪严重的孩子来说，心中的自我肯定往往是脆弱的、飘摇不定的，因而更需要得到外界的强化。

对家长来说，强化孩子自我肯定的方法有很多。例如，让孩子为自己记一本"功劳簿"，让孩子每周花几分钟时间写出（或画出）自己的"功劳"，并告诉他，所谓"功劳"并非一定是了不起的成就，任何进步以及为这种进步所做出的任何努力都有资格记载入册。

家长也可以为孩子准备一些小小的奖品（如精美拼图、文具、课外书），每当孩子做出了一点成绩或一件令他自己感到自豪的事，就要奖励他。

你还可以教孩子学会以"自言自语"的方法不断对自己做出赞扬——当孩子遇到困难正畏缩时，你不妨鼓励他进行自我鼓劲："来吧，小朋友，你可是一个不怕失败的好孩子，再做一次努力吧！"

① 抱怨孩子，不如赏识孩子。

② 真诚接纳孩子的一切。

③ 批评离不开赏识，批评孩子的同时也要赏识孩子。

2. 善于发现孩子的优点

有两位朋友的孩子是同班同学，都上三年级。一次，接孩子放学时她们聊上了。

第一位家长抱怨自己的孩子说："我儿子一点也不乖，不听话不说，有时还不礼貌。你儿子多聪明呀，学习认真，对人有礼貌。我儿子要是像你儿子一样，那该多好。"

另一位家长听后不以为然，也抱怨自己的儿子说："谁说的呀，我儿子胆小，还缺少自信，不善于表达。你儿子呢，我听说字写得非常漂亮，手工也做得很棒，好多方面比我儿子强多了。你这个妈妈是怎么当的，儿子有这么多优点都没发现吗？"

第一位家长不禁笑了，说道："你不是也没发现自己儿子的优点吗？"

案例分析

善于发现孩子的优点，是一些教育家归纳出的教育良方，是家庭教育理念的延伸与创新，也是许多成功家长的经验总结。

这个理念告诉我们，聪明的家长应该以欣赏的眼光看待孩子，应该赏识孩子哪怕只是一个小小的优点——通过赏识，激励孩子在快乐中改变、在快乐中进步。

由于年龄、知识、阅历等的限制，孩子有缺点再正常不过了。如果家长对子女的期望过高，对孩子的一般表现就会感到失望。

生活中，有的家长为孩子考试成绩不好而担心；有的家长为孩子不能正确面对挫折而慨叹；有的家长为孩子不听教诲而恼怒，忍不住每天都要说他、骂他，希望他学业有进步、做事更主动、做人更灵活，将来有大出息。

可实际效果却是：你越说，孩子成绩越下降，性格越孤僻，与家长的隔阂越深。家长感到难过、焦急、愤怒，甚至用失望的声音叫喊："我怎么养了这么一个不争气的孩子！"

那些被认为很笨、很差的孩子，难道真的一无是处吗？

享誉世界的法国大作家大仲马，曾创作出《三个火枪手》《基督山伯爵》等上百部家喻户晓的经典作品，但令人意外的是，青年时期的大仲马不但一无所成，甚至无法凭自己的能力找到一份工作。

那么，又是什么原因成就了一代大作家呢？

是鼓励。

当时，大仲马一无所长，他既不会数学也不懂历史，地理学得

不好，没有一家公司愿意聘请他。无奈之下，他只好去投奔爸爸的朋友，想在那里得到一个职位。

当爸爸的朋友问大仲马擅长什么时，他窘迫极了——因为他一无所长。他知道，这最后的面试机会也被自己搞砸了。

爸爸的朋友无奈地说："好吧，大仲马，你写一下联络住址，等有了适合你的工作，我再通知你。"

大仲马羞愧地写下了住址，那一刻他恨不得找个地缝儿钻进去。就在他想赶紧走人时，爸爸的朋友却叫住了他，惊讶地说："大仲马，你并不是一无所长呀！看，你写的字多么漂亮，如果你往这方面发展一定会取得成就的！"

事实正是如此。

在许多平凡的人身上，都具有一些诸如"能把字写好"之类的优点，但由于自卑等原因常常被自己忽略了，更不用说把它放大了。

每一位父母都应该认识到，世界上没有失败的孩子，只有失败的父母。每个孩子都有自己的长处，关键在于我们能否发现和放大它。而面对那些确实存在智力障碍的孩子，更要用欣赏的目光去接纳他、鼓励他。

每个看似平淡无奇的生命中都蕴藏着丰富的矿产，只要肯挖掘，一定会挖出令自己都惊讶不已的宝藏。孩子又何尝不是呢？有的孩子学习成绩不佳，但动手能力强；有的孩子热心肠，乐于助人，关心集体；有的孩子善良、懂事，同情弱者，尊老爱幼……

虽然有时我们还不能去挖掘这些"亮点"，但孩子渴望得到父母鼓励的目光。要知道，所有的孩子并没有什么优劣之分，只不过我们看待他的眼光有所不同而已。如果我们都能用欣赏的眼光去发现和放大孩子的优点，那么，在教育中我们将会看见更加美丽的风景。

应对之策

▲发现孩子天真的语言

一天，小方放学回家后告诉妈妈："今天我们学了《雪地里的孩子》，老师说，雪地里没有青蛙，青蛙都冬眠了。"

妈妈问："那你告诉妈妈，青蛙为什么要冬眠？"

小方想了想，答道："因为小鸡、小鸭、小狗身上都有毛，而青蛙身上没有毛，它怕冻感冒了，所以要冬眠。"

听了小方的话，妈妈觉得他很天真，就鼓励道："好儿子，你真聪明，有想象力。"

还有一次，电视打不开了，小方突然说："电视睡着了。"

听了这话，妈妈很开心地说："小方的话真有趣。"

孩子的脑子里一直都藏着天真的思想，他不会拐弯抹角，不会考虑后果，而是有话直说，一切只会照着自己的意愿去表达。

对孩子来说，他会把很多东西当成有生命的个体，所以才会说出"电视睡着了"这样的结论。而在成人的世界里，如果出现这样的情况会被笑说成"诗人"。

因此，家长要摒弃成人的观念，善于发现孩子这种天真的语言，因为这是他内心世界的真实体现。家长还要允许孩子发挥自己的想象力，然后加以引导，如此，孩子便会在想象和真实的碰撞中掌握科学知识。

▲发现孩子的天赋

人的智力是以复杂方式协调存在的，具体到某个人，可能多种智力都具备。如果有一种智力突出，这种突出的智力就代表着这个孩子的特点，家长就应该创造条件把它发挥出来，而不应该压制它。

例如，一个孩子从小听音乐就能手舞足蹈，而且还很像那么一回事，家长就要抓住这个机会创造条件让孩子学歌舞，孩子将来才有可能成为这方面的人才。相反，如果一个孩子特别喜欢画画，而家长非要他学歌舞，这就不会得到理想的结果。

这样说来，家长要学会发现孩子的特长，然后着力培养他。例如，英国数学家麦克斯从小就有数学方面的天赋，这是他的父亲首先发现并培养起来的。

麦克斯从小喜欢画画，一次，父亲发现他画的画很独特：这幅画是一个插菊花的花瓶，但是，所有的菊花和图形都是由几何图形组成的，它们的开头搭配得非常巧妙。

父亲非常惊讶儿子对几何图形的掌控能力，从此不断地启发他，使他很快对数学入迷，最终成为一代杰出的数学家。

▲发现孩子的兴趣点

赫兹是德国著名的物理学家，曾经获得过诺贝尔物理学奖。他能取得这样的成就，与母亲对他的教育有很大的关系。

小时候，妈妈决定从兴趣点来发现小赫兹智力发展的方向。一次，妈妈拿着一本诗集向小赫兹大声朗读，好让他接受一下文学的熏陶。她朗读了好几遍，并做了详细的讲解。然而，当她问小赫兹是什么意思时，他吭哧了半天，只说出几句就再也说不下去了。

妈妈这才发现，原来儿子对文学并不感兴趣，看来，想让他当作家的期望是不可能了，只好从其他方面发现儿子的兴趣点。一天，妈妈找来一本科普读物，给小赫兹讲解了一个又一个物理现象，他坐在一旁津津有味地听着，非常入迷。

当妈妈讲到"一个小球、一个人，任何一个物体从高空中落下，都是因为地球的重力在起作用"时，小赫兹突然歪着脑袋，手舞足蹈地说："妈妈，我知道了，我终于知道了。"

妈妈故意问："你知道什么了？"

小赫兹拿起一块石头抛上天空，看着石头落地，指着石头说："妈妈，它是因为重力才落下来的。"

看着儿子兴高采烈的样子，妈妈欣慰地笑了。原来，儿子的兴趣点在这方面啊。

兴趣是一个人的认识需要在情绪上的反映，具体表现为对某种事物或某种活动的爱好与追求。这种爱好与追求最初表现在孩子的好奇、好动上，因为孩子对世界永远充满着探索的兴趣。

对于刚出生的孩子来说，外界的一切都是陌生的，随着年龄的增长，他对眼前的事物由陌生转向好奇，继而常常动手摸一摸、用眼看一看、用鼻嗅一嗅、用嘴尝一尝等，力求探索其中的奥秘。

对某种事物或某种活动的兴趣越浓，孩子的相关追求就越明显。因而，家长应从孩子的活动中识别其兴趣爱好，帮助孩子选择奋斗的方向。

▲发现孩子的努力

家长不仅要善于发现孩子的特长，也要善于发现他的努力。一位

小学教师在一篇文章中写道：

今天是国庆长假后的开学日，大风，有雨，但孩子还是比较早地到达了学校。张维进校后，我发现他的脸上有鲜艳的血痕。血痕不深，但很多，再仔细看，他身上的衣服也有擦破的痕迹。

我马上问道："张维，你脸上怎么了？"

他笑呵呵地说："我怕迟到，一路小跑着，不小心摔了一跤。"

"疼吗？"我着急地问。

"有点疼……"话没说完，他已经跑开了。

我能想象他在风雨里摔跤的狼狈样，而他却仿佛啥事没发生过一样。是啊，很多时候孩子其实已经很努力了，而老师和家长只看重结果是否让人满意，却忽略了孩子在过程中的努力。因此，我们要用宽容心对待孩子，给孩子更多阳光般灿烂的微笑，让他快乐地成长，这比什么都重要。

▲放大孩子的优点

一位到偏远山区支教的老师讲了自己的一段经历：

"当我站在讲台上，把精心准备的教案用丰富的语言讲了半小时后，回应我的却是一双双茫然的目光。

"一个生字教上十遍仍然不会拼读，哪怕讲解得再清楚，有的学生在作业本上不是多一横就是少一竖。更有甚者，我明明强调不能随便串班，同学间要团结互助，但其他班学生对我班学生的告状声仍然不间断……这群孩子我该怎么教啊？

"我生气时，他们只会用无辜的眼神看着我。我故意冷落那个经常惹祸的孩子，他却一声不响地将我的自行车擦洗得干净锃亮……有什么好办法来对付他们呢？在尝试了所有的办法均无效后，我慢慢学会去发现孩子身上的优点，戴着放大镜挖掘每个人身上的闪光点。

"上课时，'你们能不能声音大点啊'的责备声变成了'小月同学今天真棒，回答问题的声音真洪亮'。卫生大检查后，'你们怎么没有得到满分'的埋怨变成了'同学们今天努力了，我们的清洁区域得了3分，还差2分满分，大家继续加油。'

"对一名平时回答问题时像蚊子声音一样小的女生，我对她用上了'小琴今天真不错，能够一站起来就回答问题，而且声音比昨天大，老师听清楚了'来鼓励她。在这种肯定、鼓励下，她如今成了我的得力助手，经常在课堂上大声带领同学们朗读课文……"

这位老师就是用这种放大优点的方法，激励着孩子的成长。其实，每个孩子身上都有一座宝藏，只要肯挖掘，哪怕沿着微乎其微的一丝优点的暗示，也会挖出令自己都惊讶不已的宝贝。

许多人的成功，都源于找到了自身的优点，并努力将其放大成超越自己和他人的明显优势。做家长的，是不是能够从中受到启发呢？

观点归纳

① 孩子的某些缺点，从另一个角度来看也是优点。

② 放大孩子的优点，缩小孩子的缺点。

③ 善于发现孩子身上的闪光点，并加以开发。

3. 打骂孩子会起反作用

　　有一次，亮亮跟着妈妈在小区广场里玩耍，回家后手里多了一把玩具水枪。妈妈问他玩具水枪是从哪儿弄来的，他吞吞吐吐地一直不肯说，直到最后才说："是安安哥哥送给我的。"

　　妈妈问："真是安安哥哥送给你的吗？"

　　亮亮心虚了，低下头，小声地回答："是。"

　　妈妈说："亮亮，做人要诚实。你想，如果安安哥哥没送你玩具水枪，现在他一定在四处寻找，他该多着急啊！"

　　"我是从地上捡的。"亮亮改口说。

　　"安安哥哥跟你是好朋友，你捡到他的玩具水枪，没有还给他却自己拿回家了，这是不是对不起朋友？"

　　"妈妈，我错了，我这就把玩具水枪还给安安哥哥。"

　　这件事本来已经结束了，但亮亮爸爸下班后了解到情况，勃然大怒，给了孩子一巴掌不算，还骂了他一顿。

　　面对爸爸的不依不饶，亮亮开始为自己找借口："我不是故意拿的。""我以为安安哥哥不要了，才捡起来的。"

　　爸爸越生气，亮亮越是要为自己的行为辩解。

案例分析

每个孩子都会有任性和不讲理的时候，因为岁数小，无法像大人那样控制自己的言行举止。当孩子出现一些不好的行为时，家长应该理智地去看待，不能意气用事，动辄采用暴力手段去解决，给孩子幼小的心灵留下创伤。

中国传统的家教观念认为，棍棒底下出孝子。意思是说，对孩子严厉些，甚至施加打骂，孩子才能听话，才能不逾规，才能有出息。

但是，打骂孩子真能激励孩子成长吗？

其实不然。

许多家长在盛怒之下打骂孩子，往往掌握不好分寸，容易给孩子带来身体上的伤害。例如，扇耳光造成鼻腔出血、牙齿脱落、听觉神经损伤，打屁股则会因皮下淤血而导致肾创伤，严重的会通过坐骨神经影响脊椎，从而造成脑干损伤。此外，孩子非常娇嫩，用力一推撞到什么硬物上，也可能会导致悲剧的发生。

打骂孩子，对孩子造成的最大伤害还是心理方面的。

有关专家认为，家长打骂孩子，会给孩子的身心留下创伤，在日后遇到困难时孩子会产生心理压力，从而造成表现不佳，认知能力也难以发挥。

同时，打骂孩子也伤害了亲子之间的感情，结果是，在孩子心目中留下不好的记忆，甚至让孩子怨恨家长。这对于家长和孩子来说都是后患无穷的。

一项教育研究认为：孩子如果生活在批评之中，他就学会了谴

责；如果生活在敌意之中，他就学会了争斗；如果生活在讽刺之中，他就学会了害羞；如果生活在暴力之中，他就会成为魔鬼。

犯罪学专家也指出：犯罪分子大多是在缺乏爱、充满暴力的环境里成长起来的。由此可见，不是"棍棒底下出孝子"，而是"棍棒底下出逆子"。

打骂孩子是简单粗暴的家教方式，是家长无能的表现。武力的确可以让年幼的孩子暂时低头而做出改变，但也可能让他变成一个没有自我精神的人，一个不被尊重、以后也不懂尊重他人的人。

教育孩子是一门学问，只有通过正确的方式启发和引导才能达到理想的效果。

应对之策

▲惩罚时，让孩子知道错在哪里

在一次家庭聚会上，7岁的琳琳显得很吵闹，对酒店服务员的态度也不礼貌："喂，我要的是红色果冻，不是绿色的，你这个傻瓜！"琳琳妈妈一开始并未对女儿粗鲁的态度提出批评。

然而，这只是暂时的。

当天晚上，琳琳在杯垫上着色，画到一半时粉笔断了，她开始哭叫起来。妈妈终于失去耐性，她一边打琳琳的屁股，一边呵斥道："给我闭嘴！让你闭嘴，听见没有？"

面对突如其来的惩罚，琳琳敢怒不敢言，她一头雾水：我到底哪里做错了？我指责服务员的时候，妈妈不是没说什么吗？为什么我折断粉笔了，她却打骂我呢？在她看来，自己的行为与妈妈的反应之间并没有什么符合逻辑的因果联系。

教育孩子可以适当惩罚，那也许有效果。但是，必须要明白，惩罚过后的沟通交流才是最重要的环节。

惩罚孩子之后，要让孩子知道自己错在哪里，为什么要对他进行惩罚。惩罚不是目的，目的是让孩子避免再次犯同样的错误，让他明白要对自己的行为担责，进而培养他独立的责任意识。

惩罚之后，要及时跟孩子沟通，了解孩子的真实想法，安抚孩子的情绪，告诉孩子，父母为什么要这样做，这样做并不代表父母不爱他，而是要对他负责。

▲注意倾听孩子的心声

孩子有时难免任性和放纵，但有的捣乱行为是因为他的心理需求没有得到满足，甚至是因为家长的不当行为而引起的。只要耐心倾听孩子的心声，找到行为背后隐藏的心理需求，并且恰当地满足这些需求，孩子就不会跟你捣乱了。

被充分倾听心声和理解的孩子，感受到了自己的尊严和价值，是不会把跟家长较劲当作武器来使用的。家长怎样尊重他，他也会同样尊重家长。

所以，当孩子不听管教时，家长先不要着急上火，而是冷静一下，体现足够的耐心，询问孩子这么做的原因是什么。

当家长的心思放在了解孩子的想法并想办法帮孩子解决问题时，也许就会发现孩子的行为其实是情有可原的，自己的很多负面情绪也就会因此释放掉，不至于举手就打、开口就骂孩子。

▲修正自己的期望值

家长用挑剔的眼光看孩子，觉得他这也不好那也不对，横看竖看都会看不顺眼。遇到这种情况，并不一定是孩子真的做错了事，而是家长对孩子的期望太高了——家长由于怀有不切实际的期望，而孩子的能力达不到，就觉得孩子没有给自己争气，从而产生埋怨。

这样看来，家长跟孩子产生矛盾，其实不是孩子跟家长较劲，而是家长在跟孩子较劲。这样的家长觉得孩子必须服从自己、实现自己的要求，否则就是孩子不听话，感觉做家长没有了尊严。要知道，孩子年龄还小，有好动、固执、健忘等表现，这都很正常。

如果家长真的要对孩子有所要求，也一定要考虑孩子的成长状况，不要总是拿放大镜去看待孩子的表现，对孩子横挑鼻子竖挑眼。

▲暴怒之下不要管教孩子

孩子的行为，有时会让家长极度难堪和愤怒。在暴怒的情况下，家长会情绪激动，甚至丧失理智，这时肯定是无法用正常方式来管教孩子的。

所以，当家长面对犯了错误的孩子，无论如何也平静不下来的时候，就要暂时离开现场，或是转移自己的注意力去做别的事，例如打电话跟朋友聊天、听音乐，等自己平静下来以后再跟孩子好好沟通。

观点归纳

① 打骂孩子是教育孩子的大忌。

② 孩子做错了事，先耐心倾听孩子的心声，不要急着下结论。

③ 不要对孩子抱过大的期望，要保持一颗平常心。

4. 孩子的成长需要激励

俊俊在搭积木房子，搭到第三层时积木倒了，他"哇"的一声哭了，不管妈妈怎么鼓励，他都不愿再搭了。

妈妈见状，决定从树立俊俊的自信心着手，让他认识到自己的能力，于是，妈妈改用一些较大且形状规则的方形积木跟他一起玩。妈妈先搭一条平直的大路，让他的玩具小车在上面行驶。接着，跟他一起搭起两层高的小桥，又从两层变成三层。

见俊俊对搭积木又有了兴趣，妈妈便试探着问道："俊俊，我们搭个小房子好不好？你来帮助妈妈。"

"不要，我不会。"一提到房子，俊俊本能地有些抗拒。

"那你看妈妈搭。"在搭的过程中，妈妈故意让房子倒掉了。

"哎呀，房子倒了！妈妈再搭一次。"第二次，妈妈"故伎重演"，并做出无可奈何的样子，对俊俊说："没有你的帮助，妈妈又失败了。你帮帮妈妈，好吗？"

在妈妈的鼓励下，俊俊终于答应"帮助"妈妈。于是，妈妈慢慢教会他掌握搭积木搭得好、搭得稳的方法，当他略有成就时，妈妈及时表扬了他；当他搭得不够好时，妈妈及时鼓励他："没关系，儿子。妈妈搭的房子也倒了好几次呢，你重新再来，准行！"

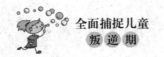
案例分析

孩子越小，越需要来自外界的赏识和鼓励。赏识不仅是家长的思想观念和行为，也是一种思维方式、信念和心态。观念方法的力量是有限的，而一旦你把赏识升级为思维方式、信念和心态，教育就会呈现出不可思议的效果。

诺贝尔物理学奖获得者尼尔斯·玻尔小时候也不爱学习，父亲为了激励他产生求知欲，常常给他提供一些有意思的激励方法。

一次，小玻尔帮助邻居修好了自行车，父亲专门摆了一桌庆功宴以示激励。还有一次，小玻尔与父亲争论关于水的张力问题。这对身为物理学家的父亲来说并不是一件难事，但是父亲的讲解并不能使小玻尔信服。

为了激励孩子的探索精神，父亲与儿子达成一项协议，即由儿子去父亲的实验室做实验，让实验结果来说明问题。

在这项协议中，父亲要求小玻尔自己动手制作仪器，而小玻尔则要求父亲担任仪器制作和实验的顾问。结果，小玻尔的实验成功地证实了自己的想法是正确的。

美国心理学家史汀路通过动物实验证明：因好行为受到奖赏的动物，其学习速度快，意志力也更持久；因坏行为而受到惩罚的动物，则不论速度或持久力都比较差。

哈佛大学心理学家威廉·詹姆士研究发现，一个没有受到激励的人，仅能发挥其能力的 20% ～ 30%；而当他受到激励后，所发挥的能力相当于激励前的 3 ～ 4 倍。

然而，对孩子的激励教育并未引起一些家长足够的重视。"孩子好比一棵树，不修不剪不成材""错误不批改不了"，这些传统教育的理念和思维定势影响了一些家长的观念。

某小学曾对100名学生进行了一次有趣的调查：当你在家里做事时，家长说"你能行"的时候多，还是说"你不行"的时候多？结果表明，许多家长对孩子说"你不行"的次数要比说"你能行"的次数多得多。这需要家长进行反思。

应对之策

▲ 多说鼓励孩子的话

以下鼓励孩子的话，对孩子的成长非常有益：

（1）"自己来做决定吧"

如果家长想让孩子做某件事，或者是停止做某件事，就该这样说。这是为了让孩子知道，他要为自己的行为负责。

（2）"爸爸妈妈爱你，但妈妈不喜欢你这样做"

家长有时免不了会责备孩子，这时，最重要的是要将事情本身与做事情的人分开。这样，孩子就会知道自己做了一件不好的事，但这并不意味着自己是个不好的人。

在批评孩子的同时，要告诉他"爸爸妈妈爱你"，这样做也能提醒你自己，批评孩子的目的是帮助他分清对错而不是惩罚他。如果能这样想，你也就更容易在孩子的错误面前保持冷静了。

（3）"你会创造奇迹"

这句鼓励的话对孩子来说最具激发力，能激发孩子往前冲的勇

气，有一天他真的会创造一个让人惊喜的奇迹。

美国有一位著名的电视节目主持人被誉为"脱口秀女王"，名字叫奥普拉·温弗瑞。作为自幼生长在美国南方的黑人，她的家庭十分贫穷，9岁时她曾离家出走，整天混迹于街头。她的母亲无计可施，只好把她交给父亲管教。

父亲相信，奥普拉是一个好孩子，为了引导女儿迷途知返，他给女儿制订了严格的家规和学习计划，激励她追求上进。父亲要求奥普拉在家和学校时每周都要做读书笔记，并且每天都要背下规定的英文单词。

父亲清楚地知道自己预期的目标是什么，于是他郑重地对奥普拉说："有些人在看着奇迹发生，有些人连发生了什么奇迹都不知道，而有些人却能让奇迹发生，你就要做那个让奇迹发生的人。"

奥普拉后来说："我自幼生长在没有水和电的屋子里，人们不会想到我的一生除了在工厂或密西西比的棉花田里干活之外还能有什么成就。父亲的话改变了我的一生，让我明白了事在人为的道理。"

就这样，在父亲的鼓励下，奥普拉从小就懂得了很多道理，学会了用每一天的努力让奇迹在自己身上发生。

▲ 询问孩子的心理感受

有时，孩子会因为生气或者激动而变得情绪失控，他无法说清自己的感受，只是不停大喊："我不要！""我讨厌你！"他找不到更合适的词来表达自己的心中所想。

这时就需要家长来帮助孩子更好地表达自己的想法或感受，除了温和地询问"你是想说什么呢"，还可以给他一些参考答案："你生气是不是因为亮亮哥哥泄露了你的秘密？"

等孩子逐渐学会了解自己的内心感受，那么，即使家长不在旁边，他也可以清楚地向周围的人表达自己的感受。

其实，孩子常常会跟家长"讨价还价"："东东有洋娃娃，我也要。""成成可以吃冰淇淋，我也可以吃。"在这种情况下，你一定要清楚地告诉他："不同的人有不同的需要。"

你要让孩子知道，每个人只有在他真正有需要的时候才能得到某样东西。比如，邻居小姐姐配了眼镜，并不意味着楼里所有的孩子都可以戴眼镜；表哥的鞋子小了需要买双新的，并不意味着所有的表兄弟、表姐妹都需要买双新鞋。

▲家长激励孩子的技巧

（1）激励目标要切合实际

家长给孩子设立的激励目标，应该是孩子在经过努力奋斗、顽强拼搏之后能够实现的，目标过低或过高对孩子都起不到激励作用。由于孩子的成长与进步是一个循序渐进的过程，家长的激励目标也应具有渐进性。

（2）鼓励的内容要适当

为了避免出现家长的鼓励一停、孩子的良好行为就停的情况，家长在表扬孩子时要注意以下几点：

首先，表扬要有针对性，让孩子明白自己真正该得到表扬；其次是表扬行动，而不是孩子本身，因为表扬的真正目的是帮孩子学会分辨是非，找到改进自己行为的办法；最后，表扬要尽可能具体，让孩子知道究竟是什么事做对了。

（3）选择恰当的激励时机

激励孩子应在一种和谐的氛围中进行，只有在这种氛围中，孩子才能冷静地思考自身的问题，愉快地接受父母的教育，领会父母的良苦用心，继而按照父母的要求去努力奋斗。

（4）激励的语言要有余味

例如，读小学三年级的李利被同学选为班长，父亲拉着她的手说："我女儿好样的，真有出息！"这种语调毫无余味，对孩子并无多大的激励作用。

这位父亲可以换个说法："当了班长，你就应该用一个班长的标准来严格要求自己，在学习、生活和遵守纪律等各方面都应起到好的带头作用。"

这句话既蕴含着家长的信任和期望，同时又对孩子提出了更高的要求，有嚼头也有余味，能对孩子产生激励作用，促使孩子进一步努力进取。

（5）创设情境，让孩子自我激励

家长应根据孩子的年龄和实际家庭条件，在家里创造积极的环境。例如，布置绿色墙纸，让孩子的房间充满乐观、向上的气氛，创设轻松的家庭游戏方式，让孩子在生活中养成自我激励的好习惯。

此外，带孩子参观博物馆和植物园，不仅能让孩子了解生活和周围的世界，还可以增强孩子与家长间的情感交流。

▲避免不恰当的鼓励方法

（1）"我完全了解你的感受"

当6岁的女儿从幼儿园回到家，抱怨她的小伙伴"太自私"时，妈妈会这样说："我完全了解你的感受。"事实上，妈妈心疼女儿，却未必完全了解她的感受。妈妈只是想告诉女儿："妈妈理解你，并且让你知道愤怒、难过之类的感受都是一个人正常的表现。

其实，这样的安慰更容易激怒孩子，孩子会觉得妈妈这么说是觉得她经历的事情很正常，她的不快不仅不会平息，很可能以后她有什么事都不愿告诉妈妈了。

正确的做法是，从问一些简单的问题着手，了解事情的全过程及细节，让孩子觉得自己被理解，这比简单的安慰有效得多。

（2）"不可以这么说……"

媛媛和小伙伴玩完游戏，回家却说"我一点也不喜欢彤彤"时，妈妈这样打断女儿的话："不可以这么说，彤彤是个好孩子。"

其实，你只是不希望孩子对他人过分地指责，或许事实上彤彤真是一个可爱的好孩子，或者你跟彤彤妈妈是好友，你希望两个孩子能愉快地相处。

不过，这时候告诉孩子应该怎样去"喜欢"别人是不对的，这等于轻易地否认她对小伙伴的判断力，很可能抑制她今后判断人或事物、发展人际关系的能力。

正确的做法是，你要认识到孩子不喜欢另外一个伙伴总有自己的理由。你不妨先跟孩子聊一聊，问她："你今天过得不开心吗？彤彤对你怎么了？她做了什么事让你不高兴了？下次碰到她，你准备怎么办？"

通过这种方式告诉孩子如何同小朋友相处，可以让他掌握一个基本的交往原则。

（3）"你是最棒的"

上小学二年级的女儿放学回家，说今天在班里做完数学测试老师表扬了她时，妈妈会这样说："你是最棒的。"

然而，家长如果总是用"最漂亮的""最可爱的""最能干的"这样的话鼓励孩子，会在不知不觉中给孩子太多的压力，令孩子对自己期望过高，以致不能承受。

而且，孩子同小伙伴一比较，发现"玲玲跑得比我快""露露的语文成绩比我好"，她会渐渐发觉自己并不是样样都比别人好。

心理学家做过一项调查，发现盲目表扬孩子会导致孩子怀疑自我，变得不自信。所以，只有恰当的、符合事实的表扬和鼓励才会真正对孩子有益。

正确的做法是，不要再不切实际地表扬孩子了，"今天真漂亮"比"你是最漂亮的"要合适得多；"你讲的这个故事真有趣"比"你讲故事是全班最棒的"更合理。

（4）"你的鼻子挺漂亮啊，妈妈就喜欢你这个样子"

女儿放学回来后闷闷不乐，因为同学嘲笑她有个大鼻子。妈妈说："你的鼻子挺漂亮啊，妈妈就喜欢你这个样子。"

这样看来，妈妈是在宽慰女儿，无论女儿长什么样子妈妈一样爱她。但是，这等于告诉孩子，其实她的鼻子并不好看。

事实上，孩子到了五六岁时就会跟别人比较，会抱怨："我是不是太矮了啊？"

如果你对他说："你的个子很合适啊。"这样说可能让他怀疑自己的判断力，他会用你告诉他的标准去看周围的人。他也可能觉得你不理解他，会一个人把不快压在心底，不再对你说什么，从而在今后的社交中出现心理障碍。

正确的做法是，如果孩子觉得自己哪里长得不好看，先问问他，是不是在跟谁做比较，然后可以同他讨论，看看能不能帮到他。

如果孩子觉得自己不如同伴高大，可以告诉他，各人有各人漂亮的地方，如果真的想高大一点，可以鼓励他多去打篮球、学习游泳等户名活动。当然，有时候对于孩子的抱怨我们实在无能为力，在那种情形下，你可以对他的不快表示理解，但千万不要置之不理。

观点归纳

① 教育孩子，多说鼓励的话，少说指责的话。

② 鼓励孩子要运用恰当的语言方式。

5. "降低"身份，跟孩子平等沟通

星期天，三年级学生多多的爸爸在整理资料，发现网速很慢。

多多发现后，对爸爸说："爸爸，我来帮你调调。"接着，多多重新给电脑安装了杀毒软件，并进行了全盘杀毒，电脑运行果然快了很多。

爸爸在旁边看着多多熟练的操作，心中不由得佩服起来，说："谢

谢多多，你真行，以后电脑方面我可拜你为师了。"

"以后有问题找我！"多多说着扬起小脑袋得意地笑了。

还有一次，电脑的地址栏找不到了，爸爸很苦恼，试了很多遍还是没有恢复，只好"屈尊"找到多多帮助："多多，你帮我看看电脑是怎么回事？"

多多跑过来，不一会儿就处理好了。

爸爸没看清楚，想让多多再操作一遍："多多，我没看到你点哪里了，再教教我，下次我就自己弄。"

多多很耐心地教了一遍，爸爸不禁刮目相看，由衷地说："太谢谢了，儿子！"

"这算什么，小菜一碟。"多多高兴地走了。

案例分析

教育专家指出，好的亲子关系胜过许多硬性教育。教育孩子有很多手段，如赏识、激励、批评、惩罚等——当你亲近或崇敬的人表扬你时，你会欣喜不已；但他批评你时，你会格外愧疚。

优秀的孩子与父母既有父子之情、母子之情，更有挚友之情。因此，学会与孩子沟通是教育孩子的核心问题，调整亲子关系则是家教成功的奥秘所在。

家长要与孩子有效地沟通，双方建立平等的关系是关键。如果双方的沟通不平等，沟通就很难顺利地进行。

比如，你刚刚接到学校的一个电话，说："你的孩子今天犯了错误，回家后你跟他好好谈谈。"孩子回到家里刚放下书包，你就迫不及待地说："我们谈谈吧。"孩子马上会支支吾吾地躲开，因为他明白你要谈的是什么。

对于孩子的拒绝，家长的第一反应就是"这孩子，没法跟他交流"，那被耐心强压着的心情便如火山爆发一般，要么当着孩子的面发作，要么自己回到房间里发泄一通。

其实，孩子这样做是很正常的，他的经验告诉自己，这种不平等的交流对自己来说是一种伤害。从成人的角度来说，如果我们被谁伤了自尊心，可能会把他放到自己的对立面，很难再与他好好交流。

建立在平等和理解基础上的沟通是最有效的。给孩子创造一个健康的良好环境，便是为他开辟一条走向成功的大道，这远胜于给他留下万贯家财。

居高临下、主观臆断，则是沟通的大敌。有的家长听不得孩子的不同意见，不能容忍孩子持有与自己相反的观点，这些是人性中自以为是、自高自大的顽疾表现。

一旦孩子表示出自己的不同意见，或与家长的观点相左，家长就断定孩子是故意与自己作对，马上会表现出不耐烦，甚至恼羞成怒，矛盾和对立由此产生。

其实，孩子并不是有意与父母过不去，因为所有孩子起初都希望与父母建立一种和谐融洽的关系，都不会有意把与父母的关系搞僵，他只是在维护自己的自尊心而已。

家长不妨想一想：你要维护自己的尊严，孩子的尊严谁来维护？你有依照自己的意愿行事的权利，孩子的这种权利又该由谁来维护？说得不客气点，这叫恃强凌弱、以大压小，其结果总是使矛盾激化，

造成更严重的对立状态。

应对之策

▲端正态度，改变教育方法

小伟因为纪律性差，经常跟同学发生矛盾。老师就把他的家长请到学校，这让家长很没面子。对于小伟的错误，家长轻则斥责，重则棍棒相加，但效果并不理想。为此，小伟的家长很是苦恼。

一天，小伟妈妈参加了一项关于如何与孩子沟通的培训课，其中给她印象和感触最深的一个环节，是家长蒙上眼睛，让自己的孩子牵引着走过各种障碍，过程中不能有语言的交流。

小伟妈妈被蒙上眼睛后，虽然用力拉住了小伟，但在走的过程中还是磕磕绊绊不少。最后，妈妈在小伟的努力帮助下，她总算走到了终点。

这个活动让小伟妈妈懂得了一个道理：孩子还小，在成长的过程中每天都是在"蒙着眼睛"走路，由于认知能力还在起步阶段，需要家长牵着他的手走完成长的道路。但前提是，孩子对于自己的父母要有足够的信任，并且愿意与家长分享成长过程中的种种感受。

这个案例告诉我们，孩子犯了错误不可怕，重要的是，家长在他犯错以后采取的态度和方法。也许，孩子本来就没有错，犯错的是家长，因为家长才是孩子的领路人。

有道是，没有不成功的孩子，只有不成功的父母。如果你的孩子顽皮或惹是生非却屡教不改的话，或许主要责任就在你身上，可能你在教育方式上存在问题。

▲蹲下身子，与孩子面对面

一位妈妈在热闹的商场里给女儿系鞋带，她蹲下身来，无意间看见一幅幅令人不舒服的"场景"：晃来晃去的一条条腿，摇摆的一只只手，单调生硬的一个个手袋……此外，就什么也看不到了。

这位妈妈猛然醒悟：女儿稚嫩的小脸和矮小的身体，原来是被这些陌生又庞大的人和物品包围了，看不见爸爸妈妈的脸，也看不全琳琅满目的商品和新奇的文具，更不必说像大人那样尽情享受购物的乐趣了。

对孩子来说，置身在大庭广众之中，没什么比这更"倒胃口"的了——这位妈妈终于明白女儿不想在商场待得太久的原因了。

如果想跟孩子说话，我们也不妨蹲下身来，走近他的内心，平等对视，设身处地为他着想。家长只要以孩子的眼光看世界，蹲下身来倾听，孩子的心理压力才会相对减少，与孩子处在同一水平线上是对他的尊重。

蹲下身来与孩子面对面，以平静的音调说话，能抓住孩子的注意力。语调若是轻声细语，能给他创造一个安宁的环境，孩子也就乐于接受教育。大人这样做，树立了一个平等待人的榜样，有利于培养孩子独立和自尊的人格。

总之，想要孩子听话，你得先蹲下身来向他看齐。

▲像朋友一样跟孩子交流

跟孩子交朋友是许多教育专家的建议，也最体现人格平等。许多家长也能接受这个观点，有跟孩子交朋友的愿望，可结果往往不是那么回事，因为出现了两个误区：

（1）跟孩子交朋友的目的不纯

许多家长并没有真正放下长辈的架子，他们跟孩子交朋友是有目的性的，说穿了就是为了更好地管教孩子，为了让孩子更听话。孩子识破了这种虚假的平等后，很快就会不屑于与父母为友。

（2）固守传统的家长作风

有的家长总是俯视孩子，完全在凭自己的主观意志跟孩子交流，而忽视了孩子的感受。最直接的表现就是，家长总是正话反说。比如，看到孩子回家后主动学习，不是表扬孩子的进步，而是冷嘲热讽："呦，今天太阳打西边出来了，知道主动学习了？"孩子考了98分，不会表扬孩子，而会求全责备："你才考了98分，怎么就不能考个100分让我看看呀！"

这样的家长也许会说："我用的是激将法。"可孩子能理解你的"良苦用心"吗？

家长要真心跟孩子交朋友，就要抛弃那种自以为是的谈话语气，把孩子放在同等的位置上，用跟朋友谈话的口气来与孩子交谈，那样才能取得孩子的信任，孩子才能向你倾诉。

做家长的千万别以为孩子小而忽视孩子的敏感性，如果你跟他套半天近乎，目的还是让他听你的，这样的不平等"条约"肯定会以失败告终。

▲不把意志强加给孩子

许多家长给孩子报课外班，可都没有真正征求过孩子的意见。这些家长的意志让孩子成了报班专业户，成了学习的"机器人"。

"爸爸妈妈请理解我们，别再强迫我们补习了。"这是很多孩子的呼声。

只不过，中国式父母太喜欢包办了，操心受累之余还会说："我这么替你操心，当家长的容易吗？"孩子不但不领情，反而加剧了逆反心理，尤其是进入青春期的孩子，他更愿意固守自己的意志而拒绝父母好心的安排。

观点归纳

① 教育孩子，与其尽是训导，不如"降低"身份平等沟通。

② 把孩子当成一个平等交流的对象，从人格上去尊重他。

6. 正确处理家长和孩子的矛盾

小阳是班里成绩较差的学生，他也努力过，但成绩就是提不上来，为此他自己也很苦恼。父母的知识水平相对较高，对小阳的学习成绩非常在意，在家里对他更是严加管教。

每当小阳考试成绩不理想或是犯了错误时，父母的态度就会变得很冷淡，即使小阳想与他们沟通，看到他们的态度也是有话说不出。久而久之，小阳越来越叛逆，总是喜欢与父母对着干。

一天，小阳约同学一起去试听一堂英语培训课，可妈妈觉得事情有些可疑，就要求跟他一起去。这使得小阳感到了妈妈的不信任，因

此对妈妈大发脾气："你干吗跟我去，成天到晚干涉我？你就是不信任我，我怎么有动力学习？"

妈妈说："我是你家长，我有权利管教你，今天我还就非得跟你去不可。"

小阳生气地说："我不去了！"

案例分析

家长跟孩子发生矛盾或冲突，致使家长气病、孩子出走的情况经常发生，有的家庭中甚至会发生孩子失手伤害家长的极端事件。这虽然是个例，却反映了家庭成员之间长期以来形成的压抑和愤怒不满的情绪，这些情绪长期得不到疏泄，就有可能酿成惨剧。

所以说，负面情绪不是大人特有的，孩子也会有，像愤怒、不满、恐惧等。

比如，当孩子大半夜哭闹不止，或是哭闹着要爸爸买一件很贵的玩具时，家长有时难免沉不住气，以致责骂孩子——脾气暴躁一点的家长甚至会大打出手，造成孩子的心灵创伤。

当然，家长不可能非要满足孩子的一切要求，当孩子哭闹着要爸爸买一件很贵的玩具时，爸爸可以温和而坚定地告诉他："家里有类似的玩具，现在买就是浪费，等下次咱们碰到其他你喜欢的玩具，爸爸再给你买。"并且，要始终温和而坚定地坚持这一说法。

孩子发现哭闹不管用，慢慢地也就不再以这种方式来表达不满了。

相反，孩子只有用哭才能满足愿望时，他就学会了不断用哭闹的方式来表达不满。当孩子提出合理的要求时，大人多用健康的方式满足他的要求，他也就慢慢学会用健康的方式来表达诉求了。

当孩子进入青春期后，亲子之间的关系也会悄悄地发生变化。孩子开始有了自己的秘密日记本，有什么事不跟大人说而是写在日记本里，放日记本的抽屉还要上锁。

孩子在学校有了自己的好朋友，互相倾诉着成长中的小秘密。男女同学之间有了模模糊糊的好感，心里开始有了自己的白马王子或白雪公主。

这时候，家长如果没有适应孩子的变化，还把孩子当作需要看管的对象，亲子之间的矛盾或冲突就免不了了。

应对之策

▲主动多与孩子沟通

沟通是家长与孩子之间的桥梁，也是修复亲子关系的前提。当亲子之间的关系过于紧张时，想要打破这种僵局，家长就要主动与孩子沟通。千万别认为这样做是向孩子屈服，只有真诚地表达自己当时的想法，说明自己那样做的原因，或表明自己的后悔，这种真情告白才能打动孩子的心。

通过动之以情、晓之以理的沟通，才能争取孩子的理解。其实，在修复亲子关系的过程中，家长除了与孩子心灵的沟通外，还要在物质上给予补偿，如教育上的投资、生活条件的改善等。

▲对孩子有足够的信任

信任是处理亲子关系的基础。许多家长担心子女早恋，或交错朋友走错路，或在外面做坏事，采取偷听电话、偷查手机短信、偷拆信

件、偷翻抽屉和书包、偷看日记等做法，这样做极大地伤害了孩子的自尊心，那么，你的一切良好愿望和用意都将化为泡影。

在这个问题上，不妨换位思考一下：如果你的家人或孩子也这样做，你会不会恼火？在一个家庭里，夫妻之间、家长与子女之间，一定要讲诚信。

对孩子的教育，从小就要培养他说实话、做老实人。假若孩子养成了说谎的习惯，那首先就应从家长身上找原因，是不是因为家长民主作风差，孩子讲真话就会挨训、挨揍呢？

▲尊重孩子，而不能强迫孩子

把孩子当成你的亲密朋友、知心朋友来尊重，尊重他的人格，尊重他的意见，尊重他的爱好，尊重他的隐私，尊重他的选择。亲子之间有分歧是很正常的，只能平等交换意见，只能求同存异，绝不能将自己的意见强加给孩子。

现在，仍有家长动辄训斥、打骂孩子，采取暴力和冷暴力。这是一种违反人权的行为，在国外子女可以报警，可以向法庭起诉父母。

对于孩子兴趣爱好的选择，学校和专业的选择，就业的选择等，家长只能当参谋、出主意，不能越俎代庖，不能强制孩子按自己的意志去办。

▲理解孩子的想法和行为

对孩子的想法、行为不理解，这可能是当前许多家长的通病。

我们理解孩子，并不是对孩子的一切想法和行为都要表示赞同，表示支持。凡涉及到孩子一些明显错误的想法和行为，我们只能动之以情、晓之以理，耐心地、心平气和地跟他平等探讨，不要摆资格，不要以势压人。

对孩子的想法和行为也要坚持一分为二地看，肯定对的，帮助纠正错的，要做到以理服人。

▲宽容孩子的缺点和错误

在成长的过程中，孩子难免会有这样那样的缺点，难免会犯这样那样的错误，尤其是进入到青春期的孩子的身上会出现更多的缺点，切忌用家长制的那一套做法去任意训斥、打骂和惩罚。相反，家长应坚持分清是非，宽容对待。

观点归纳

① 亲子之间的矛盾，最好以沟通的方式加以解决。

② 尊重孩子的想法，宽容孩子的错误，处理孩子的不当行为，要以理服人。

7. 批评孩子，讲究方式方法

假期里，高乐跟几个同学在超市里偷过东西，爸爸知道这个消息后大吃一惊，真想立刻狠狠地揍高乐一顿。但理智地想过后，他没这样做，因为高乐现在年纪还小，而且是初犯，如果能够通过批评教育及时予以正确地引导，比打骂一顿的效果会更好。

于是，爸爸决定：一是在妻子面前只字不提，以防妻子再训斥高乐，刺伤他的自尊心；二是对高乐的批评教育重在正面引导，切勿用冷言恶语刺激他，更不能打骂。

一天下午，爸爸提前下班，高乐也放学回到了家里。爸爸拿着一份《法制报》递给他，上面登有一段关于"少年犯"的文章。

等高乐看完，爸爸趁热打铁，从一只小虫毁了一条大船谈起，谈到盗窃者的心理，今天偷 1 元，明天想偷 10 元，日后就会犯更大的错误……

高乐听得认真，不断点头。

几天后，爸爸将高乐盗窃挥霍掉的物品折算成现金，赔给了超市。然后，爸爸当着超市负责人的面，对高乐先讲了如何做人、遵纪守法的道理，最后说："有两条你必须记住：一是吸取教训，从此坚决不再干坏事；二是必须抓紧学习，从各方面严格要求自己。"

高乐听后内疚地哭了，说："爸爸，您放心，我再也不干坏事了。"

案例分析

孩子跟大人一样，往往喜欢被表扬，不愿意受批评。许多家长天天哄着孩子，看孩子的脸色行事，只要孩子做了一些好事就不断表扬他，而当他做了错事时却很少批评他。

不过，孩子还是需要适当地进行批评。有专家经过研究指出，孩子从来没挨过批评，到处听到的都是赞扬声，很容易变成"老虎屁股摸不得"的小霸王，不知道什么是对的、什么是错的，是非不分，这对他的健康成长毫无益处。

这些在儿童时代难以接受批评的孩子，长大后也大多会对批评抱有"敬而远之"或干脆"拒之门外"的消极态度，他会无法面对挫折，更无法适应社会的发展，这对促成健康的人生之路是起不到任何积极作用的。

　　所以，当孩子做错了事或没有完成老师交代的任务，家长提出批评是自然的，也是必要的。但是，现在的孩子个性很强，对他进行批评必须注意方法，否则不但达不到效果，反而会造成亲子关系紧张，不利于以后的教育。

应对之策

▲调动孩子的责任心

　　马超很聪明却不喜欢做作业，妈妈怎么说他都不听。后来，妈妈想了个办法跟他说："马超，你不总是夸妈妈漂亮吗？还说连爸爸都夸我是世上最漂亮的女人，你难道不希望妈妈永远漂亮下去吗？"

　　马超点点头。

　　"可是，你不写作业，妈妈就担心你的基础打得不牢固，以后会考不上好大学。妈妈老是担心你，就特别容易变老。"妈妈"忧伤"地说。

　　马超害怕自己年轻漂亮的妈妈变老，就乖乖地做起了作业。

　　孩子是顽皮的，但也有爱心和责任心，就看家长会不会调动。顽皮的孩子被家长和老师批评了不知多少次，有些麻木了，照样我行我素。这时候，回避直截了当的批评，调动起孩子的满腔柔情，就很容易达到目的。

▲无言的沉默有时更有效

张全是一个经常惹祸的淘气男孩，妈妈每次都大喊大叫，甚至抡起扫把抽打他，却收效甚微。有一次他偷了商店的玩具，差点被店主送去派出所，妈妈及时赶到，说服店主要给孩子一次改正的机会。

回家后，张全以为等待自己的会是一场狂风暴雨，谁知道妈妈什么也没说，只是让他回自己房间去。当他到厨房拿水杯时，却发现妈妈独自一人呆呆地坐在窗户边的椅子上，满脸的忧伤和疲惫。这一刻，他受到深深的震撼——虽然没有任何语言的指责，却让他一下子想起妈妈日常的操劳，抚育他的呕心沥血。

从此以后，他痛下决心，改过自新。

假如孩子每天都处在打骂和训斥之中，就会变得麻木不仁，而且还会产生这样的想法："反正我是坏孩子，那就坏下去吧。"

这样，家长的训斥、打骂反倒筑起一堵高墙，阻断亲子间的情感交流，没法让孩子站在家长的立场上想问题，增加了漠视和仇恨：反正你们不爱我，所以也不需要你们来管教我。

相反，如果关键时刻用沉默代替语言，实际上是对犯错的孩子进行无言的谴责。在这个沉默的空间里，孩子卸除了被迫自卫的"武装"，有了很大的自我感受和思考空间，并且受到强烈刺激，迫使他回想自己犯的错误，对家长的痛心和难过产生深切体会。

你看看，一旦孩子能站在家长的立场上思考问题，冲突就可以迎刃而解。

▲用爱感化孩子最精彩

李霞的性格非常叛逆，整天跟父母对着干。妈妈什么方法都试过，却无法扭转孩子的心。

有一天，妈妈无意中翻出自己当年的育儿日记，那里面记录着女儿成长过程中的一点一滴。她拿出来给女儿念，从她出生时的喜悦，到她得病时妈妈的担心，以及对孩子的美好期望，全都包含在这几本日记里。

刚开始李霞还似听非听，渐渐就入了神，慢慢地眼里有了泪。终于，她忍不住扑到妈妈怀里，哭着向妈妈道歉。

爱可以感化一切，孩子虽然叛逆但不是草木，其实对父母都有很深的爱。她之所以有如此表现，是因为她觉得爸爸妈妈不爱她了，所以没必要听他们的话。当她明白了父母对她的爱有多深，她就会用百倍的爱来回报父母。

▲批评不能损伤孩子的自尊

当孩子做错了事时，孩子处于悔恨之中不知所措，这时家长应先对孩子做得好的方面给予肯定，然后再指出做得不对的地方，要让孩子知道家长不是光把眼睛盯住他的错处。

批评孩子的错处时，只谈眼前做的错事，不能翻旧账。以前的事已经批评过了就应该"结案"，不能老是记着孩子以前不好的地方，让孩子觉得在家长面前无法翻身。这样很容易伤孩子的自尊心，孩子从内心里会不接受。

▲允许孩子做出解释

如果批评不符合事实，也应允许孩子做出自己的解释，并告诉孩子：给你解释权，目的绝不是推卸你所负的责任，而是要你实事求是地面对。

如果你强硬地要求孩子改正错误，孩子从心里不服——他表面上会接受你的批评，但心里受了很大的委屈，这对他接受你的批评没有任何作用。

▲增加身体接触

在批评孩子时可以搂着他的肩膀说话，或拉着他的手给他讲道理，此时眼睛还要平视着他。

我们都知道忠言逆耳，有些听不得一句重话的孩子会非常排斥所有指责他的话。所以，当我们实在需要责备孩子时，应该用眼睛正视着他，在说着指责他的话时身体部分要有接触，这样就能达到恩威并施的效果。

▲批评之后是鼓励

需要批评孩子的时候，我们肯定要批评，但批评完孩子之后，我们应当适当地给孩子一些鼓励。每个人都有自尊心，当你批评孩子时，你已经在打击他的自尊心了，所以，孩子肯定会有不同程度的伤心、郁闷。

这时，你就要适当地给他一些鼓励，帮助他恢复自信，这样，孩子才不会产生抵触情绪，你的批评也会达到预期的效果。

观点归纳

① 批评孩子要讲策略，感化孩子要靠真情。

② 批评之前，让孩子先做解释。

③ 批评孩子后，更要鼓励孩子。

8. 孩子犯了大错，处罚要有针对性

妈妈对 9 岁的女儿美美有些无可奈何：同学不小心把她的文具盒碰到地上，她就大喊大叫，或者过去把同学推倒在地。

每当女儿闯了祸，妈妈总是给她摆事实讲道理：你有没有不小心碰倒别人东西的时候呢？你愿意别人说你是故意的吗？

这种设身处地、换位思考的教育，换来的只是美美似听非听的态度。

直到有一次，美美逃学了，老师急火火地打电话联系美美妈妈，她才意识到：孩子得好好管管了。

在小区外面的网吧里找到美美的时候，妈妈气哭了，扬手一巴掌打在了她脸上。美美惊呆了，妈妈也惊呆了，她们对视了半天，美美才"哇"的一声大哭起来。

妈妈这一巴掌，把女儿打怕了。在平时，她是多么宠溺女儿，多么想做好一个慈母，可现在，原有的教育方式失败了——难道只有惩罚才有效吗？

案例分析

随着家庭教育知识的普及，许多家长已经从传统的"重罚轻教"

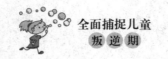

模式转变为"重教轻罚"模式。这告诉我们：当孩子犯了一定的错误时，进行适当的惩罚也是有必要的。但是，惩罚不是打骂的代名词。如果是这样，那就走入了误区。

教育心理学家认为，惩罚的方式多种多样，打骂只是其中的一种，并且是极端性的惩罚行为。错用、滥用惩罚，以致不负责任地对孩子的肉体和心灵施暴，会加重孩子的逆反心理，长此以往就会使惩罚失效，最终导致"管不住孩子"。

适当的、适时的、科学的惩罚，能对孩子起到警戒作用，促使孩子改正错误，从而收到以罚助教、以罚代教的效果。

应对之策

▲惩罚孩子应该遵循的原则

（1）惩罚的前提是尊重

惩罚绝不等于体罚，它是一种教育手段，越是惩罚孩子，就越要尊重孩子。惩罚应该让他明白：任何人都要对自己的行为承担责任。

其实，当一个人做错了事的时候，他内心会有一种惩罚自己的需要。这是一种心理需求，为自己的愧疚承担责任，以求得心理平衡。

（2）惩罚的轻重要适度

惩罚孩子的目的，自然是为了引起孩子行为的良性转化，那么，惩罚的"量刑"就必须合乎孩子的行为。

惩罚过重容易引起孩子的抵触情绪，惩罚太轻又不足以使孩子引以为戒。因此，家长惩罚孩子要以达到目的为原则，既不能轻描淡写，又不能小题大做。

有些孩子性格比较内向、敏感，对于这样的孩子，也许瞪他一眼或者冷落他一会儿他就受不了了。而有些孩子则比较皮实，即使家长打他屁股，他也不会觉得怎样。因此，家长要了解自己孩子的性格，以免惩罚过度或无效。

（3）惩罚要对事不对人

家长之所以要慎重使用惩罚方法，就是因为不当的惩罚会给孩子的心理带来巨大的伤害。

因此，家长在惩罚孩子的时候要让他明白：家长惩罚的只是他的错误行为，如果他改正了错误，家长会更爱他。

（4）惩罚的时候先肯定

每个孩子都有值得家长赞扬的优点，当家长要惩罚孩子的时候，内心首先要相信孩子还是好孩子。同时，家长也要在惩罚的时候把自己的内心感受跟孩子说清楚，让孩子知道他在爸爸妈妈眼里并非一无是处。

（5）惩罚孩子要及时

现代教育理论认为，惩罚的效果部分来自条件反射，而条件反射在有条件刺激和无条件刺激之间的间隔时间越短，效果则越好。所以，家长一旦发现孩子的行为有错，只要情况允许，就应立即予以相应的惩罚。

如果当时的情境（如有客人在场或在公共场所）不允许立即做出反应，事后则应及时地创造条件，尽可能使孩子回到与原来相似的情境中去，家长和孩子一起回顾和总结当时的言行，使他意识到当时的错误行为，并明确要求他改正。

（6）说明惩罚的原因

家长和孩子之间存在着教与被教的关系，但教育孩子仍当要以理服人。惩罚只是手段而不是目的，因此，惩罚之后必须及时跟孩子说理，否则孩子在忍受了惩罚之后会依然如故。

所以，家长在惩罚孩子以后要通过说理的方式使孩子明白他犯错误的原因、为什么受罚，以及坚持犯下去将有什么后果。因此，让孩子明白自己受罚的原因才是帮助他改正错误的关键，说理正是惩罚孩子之后不可或缺的一个重要步骤。

（7）惩罚前后要一致

家长教育孩子要相互配合，态度一致，赏罚分明。该奖时就要郑重地奖励孩子，让他真正体会到受奖的喜悦；该罚时也应态度明确、措施果断，让他真正知道自己做错的后果。

只有这样，才能培养孩子明辨是非、知错即改的品行。如果在对孩子实施惩罚之后，家长中的一方认为孩子受了委屈，随即又用钱物或食品来安慰他，这将会使惩罚失去作用。

（8）说话点到为止

一些家长责怪起孩子来没完没了，而且还时不时地喝问孩子："我的话你听见了没有？"孩子慑于家长的威严，为免受皮肉之苦只能别无选择地说："听见了。"其实，他可能什么都没听进去，或者根本就没听。

孩子之所以说知道了，只是想顺着家长的意思，为了早点结束受训。于是，当孩子下次再犯同样的错误时，家长便痛心疾首，随即说孩子"不把我的话当回事"，说孩子"不听话"。

其实，这并非孩子不听话，而是家长唠叨太多了，让孩子分不清主次，不知道听哪一句好；再者，家长经常性唠叨也会导致孩子耳朵"失聪"，使教育失去效果。

因此，家长在教育孩子时务必要改掉爱唠叨的毛病，凡事点到为止，然后观察孩子的反应，再采取适当的应对措施。

（9）要给孩子指明"出路"

惩罚孩子不能半途而废，应要求受罚的孩子做出具体的改错反应才能停止。家长要态度明确，跟孩子讲清楚他应该怎么做、达到什么要求或标准，否则有什么后果。这时，家长千万不能含糊其辞，甚至让孩子"自己去想"。因为，家长不给"出路"，孩子改错就没有目标，效果就不明显。

例如，孩子有乱丢东西、不爱整理房间的习惯，家长在惩罚时就应该让他自己收拾好东西、整理好房间。

▲惩罚孩子应该注意的事

（1）惩罚不要"翻箱倒柜"

很多家长教训孩子时总忘不了东扯西拉，说出孩子的种种不是来，有的甚至将孩子说得一无是处，忘记了本次教训的主题。

孩子会觉得，反正自己没有一处是对的，以前取得的成绩、改正的缺点父母都看不到，感觉自己天生是挨训、该罚的料，对改错失去了信心，也就破罐子破摔、我行我素了。

这样的教育效果可想而知。做家长的一定要懂得，孩子最厌恶家长翻老账，你惩罚孩子务必要就事论事，切勿一刀切。

（2）杜绝劣性转嫁

家长在心情不好时很难把握好自己的情绪，容易使自己恶劣的情绪转嫁到孩子身上，其后果往往不堪设想。一来，孩子无过受罚，家长小题大做，会使孩子感到有失公理；二来，此时家长再因不能自制而使惩罚无限制升级，则往往会激化孩子对家长的反抗情绪。

因此，建议家长切勿在醉酒之后或自己心情不佳等情况下惩罚孩子，以免过激，影响自己在孩子心目中的形象和威信。

（3）忌讽刺挖苦

家长惩罚孩子应力戒讽刺、挖苦，更不能自恃"孩子是我生的、是我养的"而随意用恶毒的语言指责、谩骂孩子。

实践证明，讽刺、挖苦和指责、谩骂已超越了孩子能够接受的范围，将会刺伤孩子的自尊心。因此，做家长的应该牢记自己惩罚孩子的目的是帮助孩子改正错误，绝不能为了图一时嘴巴痛快而去刺激孩子的自尊心。

（4）千万别说"不要你了"

"你再调皮，妈妈就不要你了！"这是很多家长在教育孩子时经常说的一句话，甚至有的妈妈还故意躲起来，直到孩子停止某种行为后才出现在孩子面前。

心理学家认为，家长假装遗弃孩子的做法，会大大破坏孩子的安全感。依赖关系遭到破坏的儿童，均会出现敏感、自卑、多疑、情绪不稳定、退缩、难以与人建立亲密关系等心理和行为。

虽然家长并不是真的要抛弃孩子，但对于孩子来讲是无法区分家长的表面语言行为与内在动机的，他会把爸爸妈妈的"离开"当成是真的离开，从而产生不安全感。

观点归纳

① 惩罚孩子时要尊重孩子，不能刻意去挖苦。

② 惩罚孩子时要对事不对人，不可给孩子定性。

③ 要让孩子明白，惩罚他也是为了他好。

9. 嘲笑，是教育孩子的大敌

瑶瑶问妈妈："如果电视机坏了，家里会不会淹水呢？"因为她看到电视中出现游泳池的画面。

"即便电视机坏了，水和人都不会从电视中跑出来。"妈妈回答。

"他们不是在电视里面吗？为什么人会在电视中游泳呢？"瑶瑶继续问。

妈妈想，要想跟 6 岁的孩子说明肉眼看不到的电波非常困难，便回答说："那些人在游泳池游泳时，由摄影机拍摄之后再传送到我们的电视上播出，电视中有所谓的转播机器。"

瑶瑶似懂非懂地点点头。

末了，妈妈赞扬说："瑶瑶，你真了不起，能明白这个问题。"

案例分析

在这里，我们不得不学习瑶瑶妈妈回答问题的耐心和细致。

有时候，孩子天真的问题会令家长觉得非常好笑，但是，这并不是家长嘲笑孩子的理由。嘲笑、讽刺、挖苦，会使人失去自尊和自信——孩子正处于培养自尊和自信的关键时期，家长在任何时候都要切忌嘲笑自己的孩子。

谁小的时候不是经常问些天真、好笑的问题呢？家长如果用安慰、鼓励取代嘲笑，孩子会更加自信地面对自己的人生，你和孩子的关系也会获得良性发展。

换个态度、换个说法，你就可能会看到不一样的孩子。

两个孩子都做错事了，一位妈妈对孩子说："你怎么总是没长进呢？我看你这辈子就这么点出息了……"另一位妈妈却这样说："孩子，你应该能做得更好，妈妈相信你。"

同样的一件事，用鼓励和嘲笑的方式说出来，效果就大不一样了。

当孩子有缺点时，有的家长不是耐心说服教育，而是嘲笑，这会给孩子造成沉重的心理负担，不利于孩子的成长。

其实，家长嘲笑孩子，最初也是出于一种恨铁不成钢的关爱心理，但是长期下去会使孩子产生一定的偏激思想，甚至敌视心理。

不论是谁，都不希望被别人嘲笑，如果大人被别人嘲笑，会感觉没有受到尊重。但大人有调整自己思想、情绪的能力，即使听到嘲笑的声音很不舒服，只要认为自己是对的也会坚持下去。

而对于孩子来说，嘲笑带来的负面影响要严重得多。不管是何种类型的嘲笑，如果孩子意识到家长是在取笑自己，就会手足无措，出现畏缩的心理，失去做下去的勇气，以致影响健康成长。

因此，家长要尊重孩子的想法，也要肯定孩子的想法，永远不要嘲笑孩子。孩子的心田是落雪后的原野，你的恣意嘲笑会将它踏得一片狼藉，结果不会有任何好处。

应对之策

▲不要嘲笑孩子的梦想

乔丹小时候就有了自己的篮球明星梦。一天，小乔丹把自己的梦想告诉母亲，母亲大加赞赏，为他有了自己的梦想向他祝贺，鼓励他向篮球明星学习。并且，母亲经常抽出时间跟小乔丹一起欣赏杂志上篮球偶像驰骋球场、飞身灌篮的飒爽英姿，同时建议他把那些花花绿绿的图片剪下来贴到房间的墙上去，以便与偶像朝夕相伴。

现实生活中，很多家长常常对孩子的梦想不屑一顾，甚至大泼冷水。要知道，孩子的梦想是世界上最具价值的珍宝，对孩子的成长具有巨大的激励和牵引作用。

儿童心理学家认为，梦想是孩子自我形象的理想化。鼓励孩子追梦，孩子会产生强劲的内驱力，面对各种困难也会主动想办法去克服。梦想能使孩子在学习、工作的过程中创造不辍，并获得愉悦的情感体验。

孩子有了梦想，哪怕这个梦想有些不可思议，家长也应为他感到欣慰和自豪，并给予肯定。家长对孩子的梦想坚信不疑，孩子就会从家长那里获得力量和勇气，从而树立起信心。

为了使孩子的梦想能成为现实，在孩子追梦的过程中，家长还应予以多方面的关注。比如，帮助孩子寻找偶像，跟孩子讨论偶像的成长史、奋斗史、成就史，明确成功必须付出辛劳和汗水，让偶像在孩子心里生根；给孩子的圆梦计划提供建议和支持；经常提醒孩子践诺，在孩子怀疑梦想时给孩子以鼓励。

▲不要嘲笑孩子的爱

一位年轻的妈妈去体检，查出心脏有些问题，便忧心忡忡地说："我才32岁就得了心脏病，将来老了可怎么办呢？"

这时，她8岁的女儿飞跑过来，用两只小手搂住妈妈的腰："妈妈别怕，等你老了我也长大了，给你做最香的饭，买最漂亮的衣服，请世界上最好的医生把你的病治好！"

这位妈妈虽然心中产生了片刻的感动，但很快讪笑起来："去去去！这会儿巧嘴八哥一样说得好听，等我真的又老又病了，你怕是躲还来不及呢！"

女儿一听，小脸涨得通红，低下头嘟起了嘴。

这时，妈妈仍言犹未尽："现在的孩子，升学难、找工作难、买房难，只要你将来能够养活自己，不摊开两手向父母讨生活费已是谢天谢地了，哪里还敢指望你！这些漂亮话，日后谁肯认账？"

女儿尴尬地转过身，睫毛簌簌地抖着，委屈的眼泪不由自主地夺眶而出。

这位妈妈的做法显然过分了，无疑伤了孩子的一片爱心。尽管孩子说过的话有许多可能永远无法实现，但那又有什么关系呢？她爱自己的爸爸妈妈，并且努力地像她说过的那样地去做，即使做不到一百分，家长也应该满足。

所以，家长永远不要嘲笑孩子的爱。

▲不要嘲笑孩子的问题

有时候，家长会觉得孩子提出的问题太幼稚了，会在无意之中嘲笑他。也许就在这不经意间，嘲笑会毁灭孩子善于观察事物、发现事物的好奇心。

孩子年龄还小，有时候难免会提出一些幼稚的问题，可孩子就是在幼稚中走向成熟的。即使孩子提出了很幼稚的问题，我们也要耐心地解答，启发孩子获得更成熟的认知，就像瑶瑶妈妈那样。

当然，孩子天真无邪的问题，的确让人觉得好笑，不过，这样笑一笑混过去的态度是非常不好的。尽管这些问题连家长本身也难以回答，如果在这时候轻蔑或者回避孩子的问题，就会造成很坏的结果。

例如，"天空为什么是蓝色的？""小鸟为什么会飞呢？"这些天真的问题会令你觉得非常好笑，但仔细想想，要回答这些问题还真是不容易。当然，你也可以这样回答："小笨蛋，天空本来就是蓝色的。"

如果此时你能抬头往上看，你会发现，自己平时视若无睹的天空果然一片蔚蓝，异常美丽，这时，相信你也会跟孩子一样非常惊讶而受到感动呢。由于心中藏着这种激动，你会跟他说："是呀！天空真的非常漂亮，为什么是蓝色的呢？"

正如上面的例子一样，要想回答孩子的问题，先要接受孩子对于事物的好奇，这是非常必要的。

轻视或嘲笑孩子的问题，会使孩子丧失发问的意愿。家长如果无

法让孩子得到满意的答案，这时可以非常认真地告诉孩子："我再去查一查资料。"这么一来，孩子会因此而受到激励，想再次发问。

▲尽量给出一个圆满的回答

对孩子提出的问题，家长应尽量给出比较正确、圆满的答案，并不失时机地肯定、表扬孩子爱动脑筋的习惯。答案和表扬一方面满足了孩子的求知欲，另一方面更激发了孩子的好奇心。

另外，家长要学会说这样一句话："喜欢提问题是好样的，不懂就要问。"对于孩子的提问，有时家长还可以不马上提供答案，而是进一步提出一个疑问和悬念，激起他更强的好奇心。

如果孩子问了超出他年龄范围内的事，怎么办呢？这时，家长不要责备他，因为孩子并不知道什么该问，什么不该问。

有位爸爸的做法很好，每逢孩子问这样的问题时，他就告诉孩子："我把你的这个问题记下来了，等你再长大一些的时候，我就会回答这个问题。"

这个问题也许以后用不着家长回答，孩子自己慢慢也会明白，但是，这种做法会让孩子感到自己的提问受到了尊重和鼓励。

家长要为孩子创造宽松的环境，让孩子参与尝试，支持、鼓励他大胆提问，发表不同意见，学会尊重别人的观点和经验。

为此，家长应该提供必要的材料、时间与空间，让孩子和伙伴们一起游戏、玩耍，诱发孩子的好奇心，使他在自己选择、自己决定、自己动手、自己进行观察发现中激发创造的动机，获得表现的机会和条件。

例如，带孩子去散步时，可以主动提出问题，引导孩子有目的性

地去观察，诱发孩子的好奇心："秋天到了，什么花开了？""天上
为什么会下雨？"这些开放性的问题，会给孩子以广阔的想象空间，
满足并诱发他的好奇心。

观点归纳

① 嘲笑，将毁灭孩子的自信心和探求事物的勇气。

② 不要嘲笑孩子幼稚的言行，也不要嘲笑孩子的缺陷。

第五章
要求孩子：协商多一点，强迫少一点

　　督促孩子学习或做事，是家长教育孩子的方式之一。然而，孩子天生是贪玩和任性的，当你希望孩子做某件事时，他可能会表现得不积极，或会拖延。

　　这时，如果你行使作为家长的权利，以命令的方式强迫孩子去做，即使孩子勉强做了也是怨气冲天，因为缺少认真做事的态度，所以效果不见得理想；反之，如果以协商或讲道理的方式跟孩子交流，那么，如果你说得对，相信孩子最终会听的。

1. 家长会说话，孩子才听话

张贤学习成绩不错，特别是语文很棒，只是性格有些内向，并且爱哭鼻子。进入四年级后分班时，他因为没有被编入尖子班与老师产生了矛盾，继而愤然退学。

妈妈怎么劝张贤继续上学都不行，只好成天在家守着他，并帮助他复习功课。但张贤不愿跟妈妈交流，妈妈说多了，他就跟妈妈吵。而当他自己有什么需求时，又不顾妈妈是否在休息，直接闯入妈妈的房间，用捶床板的方式吵醒妈妈。

妈妈为此感到很伤心，有时就当着张贤的面哭泣。她想不通：自己上辈子做了什么亏心事，生了一个这么不听话的儿子。

案例分析

家长对孩子说话是一门学问，所以不能信口开河，不能随心所欲。家长说得好，能使孩子改掉不良习惯，积极配合；说得不好，就会引起孩子的逆反心理，甚至变成孩子的"心病"。

专家认为，与孩子"谈不来"的家长，十有八九说不出自己孩子的长处，而对子女的种种"不是"却能说得头头是道。结果是，家长只会挑孩子的"错"，找不出孩子的"对"，久而久之，亲子之间就

会产生不信任感，甚至产生对立情绪。

殊不知，家长"会说话"才能与孩子"谈得来"。据调查，孩子大都不喜欢以下类型的家长：

（1）唠叨式。很多孩子说，一听爸爸妈妈唠叨就烦。

（2）数落式。孩子在家里总是不停地被家长数落："你怎么学习不用功啊？""你怎么不做作业啊？""你怎么只知道玩啊？"这会让孩子很反感。

（3）训斥式。家长动不动就训斥孩子这也不好那也不对，这会让孩子常生闷气。

（4）打骂式。这样的家长不少，这种教育方式的效果更不好。

（5）达标式。硬性规定孩子考试的平均成绩必须达到多少分，名次要进入前几名等，让孩子感到无所适从。

可见，家长对孩子的教育方式是非常讲技巧的。让孩子做同样一件事，不同的说话方式会造成不同的结果。有的说法会让孩子欣然接受，有的说法会让孩子犹豫不决，有的说法则会让孩子产生抵触情绪，这就体现了说话水平的高低。

在怎样跟孩子沟通的问题上，鼓励和表扬非常重要。孩子得到了肯定，他会更加自信，更加乐意与父母交谈，听从父母的合理安排。

应对之策

▲想跟孩子沟通时，先"悦纳"

孩子考试成绩不理想，心情本来就很糟糕时，妈妈见到孩子就说："看你的样子就知道考试没有考好，试卷拿出来给我看看。"这无疑让孩子的心情雪上加霜。

虽然家长是出于好心的，但孩子听了感觉家长是在问罪，就不敢把试卷拿出来。

如果家长能换种方式这样说："妈妈注意到你在为考试成绩发愁。""妈妈知道你很想考好。""你心里一定在想着下次要把考试考好，对吧？"相信家长这样说，孩子就会自己去分析为什么没考好。

孩子回家不做作业，有的家长会说："别看电视了，快去做作业。"上了一天课的孩子，回到家最希望放松放松，听了家长的话可能会心烦，也就不会听话。

如果家长换种方式这样说："在学校里上了一天课，回家还要写作业，真是可怜。其实，妈妈也很累，上了一天班，回家还要做饭、洗衣服。"家长这样的话，首先是接纳了孩子的情绪，其次传递给孩子一个信息：不光是他很辛苦，其实父母也一样，需要靠意志去坚持做事。

所以说，家长在跟孩子沟通时，首先要尝试去接纳孩子，特别是接纳孩子的情绪，然后再想办法引导，而不是一开始就否定孩子的情绪，用命令的口吻要求孩子干这干那。这样，孩子才可能信任家长，才会听家长的话。

▲当孩子出现问题时，先倾听

"问题孩子"往往出在"问题家庭"，只有家长耐心地倾听，孩子才肯说；只有家长平等地说，孩子才愿意听。也就是说，家长会倾听，孩子才能说；家长会说话，孩子才听话。具体如下：

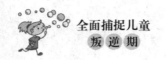
（1）先冷静后交流

家长高兴的时候，对孩子比较友好和宽容，愤怒的时候就比较苛刻了，这似乎是普遍现象。

某中学学生 A，是一个漂亮又开朗的女生，因早恋遭到母亲强烈反对，家人一边责备她，一边要求她努力备考。A 曾对同学说"活着没意思"，还曾将自己微信的个性签名更新为"死亡的坟墓"。但这些苗头并没有引起学生 A 家人的重视，再加上期末考试的压力，最后她从 8 楼家中的阳台上纵身跳了下去。

这个教训告诉我们，与孩子沟通时要先处理情绪，再处理问题。

（2）先倾听后沟通

对待孩子的问题，家长首先要学会倾听，只有倾听才能知道孩子想些什么，遇到了什么困惑，需要你做些什么；也只有倾听才能把你的想法渗透给孩子，让孩子接纳。

倾听是沟通的前提，是尊重的体现，是对孩子的信任和理解。善于倾听，习惯倾听，做孩子最好的朋友，孩子有快乐第一时间会跟你分享，孩子有苦恼首先也会向你倾诉。下面就是一个成功的例子：

一个女生突然问妈妈："妈妈，你上学时有没有男生喜欢你？"

妈妈当时一怔，知道女儿有话要说，就从容地说道："当然有了，当年像你妈妈这样漂亮的女孩子，能没有男生追吗？"

女儿的眼睛一下子亮了，说："那你当时是什么情况，快跟我说说，你答应他了吗？"

妈妈摇摇头说："妈妈怎么会答应他呢，当时我们的年龄那么小，一切都是不确定的，我可不能随便找个男孩子准备将来就嫁给他，谁知道他会不会变坏，能否有成就。再说了，当时我的学习成绩很好，我才不会去浪费那份精力，我想考个好大学，再去找我的白马王子呢。"

女儿："那你和爸爸是在大学时谈的恋爱吗？"

妈妈："不是呀！虽然当时你爸爸成绩不错，人也很好，但我还是得考虑将来能不能分在同一个城市工作。如果不在同一个城市工作，谁也不愿意长久两地分居呀。我们都把爱深深地藏在了心里，直到我们都参加工作了、条件成熟了，我们才确定了关系，现在看来我是明智的。"

女儿笑着说："谢谢妈妈，我知道自己该怎么做了。"

（3）先赞美后提醒

家长应该多从孩子身上发现他的优点和长处，眼睛不能总是盯着孩子的弱点和不足。

好孩子是夸出来的，让孩子的每一次进步都得到承认和鼓励，孩子就会在一次次的鼓励中不断向前，就会越有成就感。常常受到表扬、鼓励的孩子，更具有自信心和适应能力，更能完善自我。

相反，长期得不到家长正面评价的孩子，一般会缺乏成就感，挫折感强，也会存在一些如性格内向、自卑、不擅社交等人格缺陷。请看下面的成功例子：

一位父亲发现向来活跃、开朗的儿子近期有些反常，便与他耐心地谈心。孩子犹犹豫豫了很久，才掏出自己写给小区里一个邻居家女孩的纸条。

儿子红着脸说："爸爸，你自己看吧。"内容是他如何对那个女

孩子有好感，如何喜欢她。然后，儿子羞怯地说："爸爸，我是不是在谈恋爱？你认为我品质很坏吧？我知道辜负了你，可我真的从来没有像现在这样喜欢一个女孩。"

爸爸亲切地说："这个女孩的确很可爱，大家都喜欢她，你说大家都在跟她谈恋爱吗？"

儿子摇摇头，爸爸又充满诚意地说："现在，你对某个女孩产生好感是很正常、很自然的事情，真诚的好感与品质不好是两码事。"

儿子松了一口气，急切地问："爸爸，那我应该怎么办？"

爸爸说："既然这个女孩不知不觉闯入了你的心里，那你就正视这种感情，接受它，让它安安静静地埋在心底，然后把这种好感转化为投入学习的动力。

"这个女孩是大家公认的品学兼优的孩子，绝不会为某种感情而放弃自己的理想，你也不会因为一厢情愿而牺牲自己的前途，你说对吗？这个女孩不希望你没有出息，更不愿意自己因此受到影响。

"在不适合获得或不应该获得的时候，及时放弃也是一种明智的选择。这种放弃是一种品质，可以还自己和对方一片蓝天。你是男子汉，爸爸相信你知道该怎么做的。"

儿子听后点了点头，将手里的纸条撕掉了。

▲不同的话语，分开说

（1）关心的话语，简练地说

当孩子去上学时，出门前你叮嘱他："路上要小心，过马路时要等绿灯。"可孩子头也不抬地说："妈妈，你真烦人，每天都讲这一套！"这说明，你的话引起了孩子的不满。

其实，每个孩子都渴望得到父母的关心，但"小大人"意识又使他常表现出不愿接受的样子，尤其不喜欢父母穷追猛打式的提问和喋喋不休的说教。

有一位聪明的妈妈在儿子上学前故意问："路上应该注意什么？"儿子快乐而骄傲地回答："红灯停绿灯行，要注意安全！"由此可见，对于关心的话，家长干脆、简练的反问会更加有效。

（2）知心的话语，含情说

孩子渐渐长大，他内心的秘密会越来越多。家长如果想与孩子交心，首先要注意营造融洽的交流氛围。劝导孩子也应注意方式方法，例如："爸爸给你讲个故事，讲爸爸像你这么大时的淘气事……"就这样，两代人或隔代人的交流在不知不觉中完成了，因为知心话才能为孩子所接受、理解。

（3）开心的话语，带理说

开心的话语能够消除孩子心里的不快，而一家人分享开心，更能增加家庭凝聚力。

有一位父亲看书时不知不觉睡着了，连眼镜都没来得及摘下。醒来后，女儿问他："爸爸，你为什么睡觉时还戴眼镜？"这位父亲灵机一动，诙谐地说："爸爸做梦也在看书，不戴眼镜看不清字呀！"

（4）忧心的话语，变通说

如果孩子的学习成绩直线下滑，你肯定感到忧心，会情不自禁地责备一番："你不能再这样下去了，我的脸都让你给丢尽了。"可这样一来，孩子的成绩反而可能会下滑得更厉害。

所以，如果孩子的成绩下滑了，你应该先分析一下原因，然后再

有针对性地跟孩子交谈，让他明白你的担心与关心，而不是付诸责骂和训斥。

对于一些不适合直接跟孩子当面说的话题，可采取留纸条、向孩子推荐一篇文章、推荐一本好书等方式进行沟通。总之，家长的变通做法，既可以表达自己的想法，孩子又比较容易接受。

▲极端的话语，拒绝说

（1）"揍死你"

时至今日，还有一些家长用打骂手段来管教孩子，打骂时，还气愤至极地说出"我揍死你"这样的话。

"揍死你"这一类话只会降低家长的威信，不会有任何的实际效果。因为，当你说出这句话时，表明你再也拿不出什么好办法了。由于这仅仅是一句"大话"，根本无法兑现，孩子并不会因此而停止他的行为。

有时，孩子的行为确实促使你想揍他，这种挑衅行为就是他的目的。如果你真的揍他，就中了他的计，帮助他达到了"报复"的目的——他会在心里说：虽然你把我打疼了，但是你生气了。

（2）"没出息"

虽然你相信自己的孩子很完美，并从心里为孩子感到骄傲，但出于望子成龙、望女成凤的心理，似乎总有一种神秘的力量使你的实际行为对孩子的成长表现得总是不如意，需要不断地规训和矫正。

这是一种错误的意识，会导致你蔑视孩子，并且常常把孩子当成自己控制的对象，一定要孩子按照自己喜欢的方式来处理一切事。

其实，家长与其花很多精力来告诉孩子一大堆不着边际的大道理，不如亲自示范给孩子看。一些小的缺点，通过一个小的示范行为就可以矫正，还能维护好孩子的自尊心。

（3）"你滚吧，想去哪儿就去哪儿"

有的家长利用孩子依赖性强的弱点，动辄就抛出"不管你了"一类的话，以此恐吓孩子，发泄对孩子的不满。不少任性、要强的孩子，因为忍受不了家长的嘲弄、逼迫，产生了离家出走的念头。

这时，家长又来了一句："你滚吧，想去哪里就去哪里。"家长说出这句最后通牒式的话，是想逼迫孩子就范。当然，家长说这话并不是当真的，只不过想以它来结束口舌之争。可是，孩子虽然不想离家出走，却不愿就此低头，一低头就会显出自己的软弱，于是只好逞一回英雄："走就走！"

因此，在任何情况下，家长都不应该用这句话来要挟子女，逼其改错。孩子有错，应该明确指出，即使在批评他的时候也应该让他感受到家长的慈爱和深情的关切，从而产生自强、自信、向上的力量。否则，即使孩子一时屈服了，也于事无补。

观点归纳

① 父母说话恰当，孩子才会接受。

② 跟孩子沟通，有的话不能说，有的话要巧妙地说，但极端的话决不能说。

2. 把孩子当朋友以心换心，才能有效交流

婷婷是一个文静、乖巧的女孩，妈妈为了让她将来有出息，一连给她报了六七个补习班，什么美术班、钢琴班、舞蹈班、演讲班等，正好从周一到周日，排得满满的。

有一天，婷婷病倒了。在外地出差的爸爸知道后，马上赶回来奔向医院。他见到主治医生询问女儿是什么病，医生说没什么大病，主要是太累造成的。

"一个才 9 岁的孩子，怎么会累病呢？"爸爸满腹狐疑，便问女儿："婷婷，是不是你上的补习班太多了？有没有你不喜欢的呢？"

婷婷低声说："这些我都喜欢，我能学到很多东西。"不过，她在说这话时偷偷看了妈妈一眼。

爸爸知道有妈妈在场，婷婷不敢说实话，就换了一种方式，让她把补习班按喜欢的程度排序。结果，婷婷把钢琴课排到了最后。

爸爸问："婷婷，你为什么把钢琴课排到最后呢？"

也许是憋得太久了，婷婷小声地对爸爸说："我……不想上钢琴课。"

"你怎么能这样想？"听到女儿这样说，妈妈急了，"我可是为了你着想，学了钢琴将来会有用武之地的！"

看到妈妈生气了，婷婷低下头，轻声说："那等我病好了就继续学吧。"

这一幕爸爸看在眼里，他终于找到了女儿的病根：婷婷对妈妈的专制教育心怀恐惧，因为害怕妈妈，她不敢说出自己的心里话。

案例分析

婷婷为什么会对妈妈产生这样的心理恐惧？因为妈妈身上有一种天生的权威，这种权威让她很难把女儿当作一个与自己同样有尊严的人来对待。

在妈妈看来，婷婷必须无条件地服从自己的安排，因而她对婷婷的各方面都进行着控制。如果婷婷不服从，她就会"威胁"。

对此，一些家长像婷婷妈妈那样有自己的理由："我这样做，是为了你好！"从主观上来说，家长所做的每件事当然都是为了孩子好，但在客观上来看，家长却很难如愿以偿，有时甚至会适得其反。

如果孩子得不到家长应有的尊重，那他通常会采取两种应对措施：一是顶撞，实际上就是关闭与家长有效沟通的渠道，拒绝与家长交流；二是曲意顺从，就像婷婷这样——表面上看很乖，但那不是出自她本意。

所以，家长在与孩子交流时，必须在平等的基础上进行，要把孩子当朋友而不能当下级。要想让孩子跟自己说真心话，就要像朋友一样平等地对待孩子，尊重孩子的心理感受，引发孩子产生共鸣。除此之外，家长别无选择。

家长居高临下、主观臆断的沟通，听不得孩子的不同意见，不能

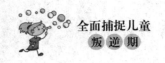

容忍孩子持有与自己相反的观点，就会引起亲子之间的对立，是教育孩子之大忌。

应对之策

▲多解释，勿训导

有些家长对朝夕相处的孩子虽倾心关爱，但与其谈话的内容仍离不开"训导"这个主题，语气生硬、居高临下，这是应该避免的。孩子虽然需要适时地进行指导，但并不需要家长装腔作势地训导。

生活中，家长要想与孩子处在平等的地位，就应学会与孩子共同讨论。例如，对孩子提出的要求，我们不能满足或不应满足时，千万不要简单地加以拒绝："不行！""不准你去！"家长提出的要求子女不同意时，我们也不应简单地采用命令方式："这事已经决定了！""必须这样！"

相反，你要把自己的理由心平气和地告诉孩子。

▲虚心听取孩子的意见

春草是一名四年级学生，在家里她要做什么事，家长都会尽量让她自己拿主意，然后从旁做一些点拨和提醒——就算亲子之间发生了分歧，家长也尊重她的意见。

后来，春草在班级里当了语文课代表，还报名参与校外的一些公益活动。家长考虑到女儿在学习方面可能会受到影响，劝她减少校外活动，但她认为自己并没有受到影响，坚持参加。家长最终同意了她的决定，并为她出了一些主意。

春草妈妈说："虽然女儿的选择有时我们不太赞成，但我们应该从小培养她的自主意识，这样，她长大后才有自立于这个社会的能力。尊重女儿的选择，是我们唯一的选择。"

每个家庭的亲子之间都会发生分歧，譬如生活方面的：吃什么菜、穿什么衣服、房间怎么布置等；学习方面的：时间的安排、学习计划的制订、学习方法的采用等；还有思想认识方面的：对某种社会现象的不同评价、对某个人的不同看法等。

孩子有了不同的见解，家长应该感到高兴而不是愤怒，因为分歧意味着孩子在用自己的大脑思考，并尝试不依赖大人而独立做出决定。这时，明智的家长只需与孩子商量，在亲切的交谈中共同探讨和比较各种观点和认识，以便孩子从中辨别好坏，自己做出正确的选择。

▲学会换位思考

考试成绩出来了，娅娅满心喜悦地回到家，把自己的成绩告诉妈妈："妈妈，我们今天考数学了。"

"好呀，这回得了多少分？"

"85 分，比上次高 8 分呢。"娅娅兴奋地说。

"嗯，是比上次有进步。你知道荣荣考了多少分吗？"

"好像是 90 分吧。"娅娅有点不自在地回答。妈妈一听，脸拉了下来，说："怎么？这次又比她考得少？你就不能争口气？"

娅娅一听，反驳说："你凭什么说我没争气？这次比上次提高了 8 分，连老师都表扬我了呢。"

妈妈见女儿顶嘴，也提高了嗓门："你怎么不懂事，我说你还不是为了你好？瞧人家荣荣，哪次考试都比你高，我说的有错吗？"

"荣荣好，那就让她做你的女儿好啦。"娅娅气冲冲地走进自己

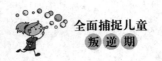

的房间，"砰"的一声把门关上了。

这样的场面，相信许多家长都会遇到，并不由得发出感叹："与孩子对话为什么就这么难呢？"

其实，要使亲子双方能有良好的沟通，学会站在对方的角度思考问题十分重要。站在对方的角度，就是要学会进入对方的内心世界，了解对方的所思所想，这样交谈才能顺畅、愉快和有效。

如果娅娅妈妈这样说："这次考试比上次提高了8分，也算是一件了不起的事。我就说吧，你的潜力其实是很高的，一旦努力了，成绩肯定会追上去的。我说的没错吧？"

女儿听到妈妈的鼓励后，肯定会高兴和满意，亲子对话也会顺畅地进行。

观点归纳

① 把孩子当朋友，平等交流效果好。

② 在学习上，大人要抱着向孩子学习的态度；在讨论时，让孩子说出自己的观点，大人不能把观点强加给孩子。

3. 孩子不爱做家务，这样教育最有效

蒙蒙的爸爸妈妈工作很忙，在上小学之前，他一直跟着爷爷奶奶

生活。老人溺爱孙子，什么活儿都不让蒙蒙干，等爸爸妈妈发现问题的时候，7 岁的蒙蒙已经被惯成了一个小少爷。

有一次，妈妈的朋友带着孩子来做客，妈妈让蒙蒙帮客人端一些水果，蒙蒙摇头说："我不！为什么让我端？"

妈妈一听，顿时有些忧心忡忡，此后便有意识地锻炼儿子做一些力所能及的家务。她先教蒙蒙洗水果，他很不情愿，妈妈告诉他："水果上有残留农药，不洗就吃的话会拉肚子。"

蒙蒙拽着妈妈的胳膊撒娇，让妈妈洗。妈妈说："宝贝，妈妈今天身体不舒服，你能帮帮妈妈吗？"说着，她还伸出贴着创可贴的手指让蒙蒙看。

蒙蒙见撒娇不管用，而且妈妈确实受了伤，便乖乖地洗了一盘苹果。

案例分析

有一项针对独生子女状况的调查显示：我国大多数独生子女从未做过或者很少做过家务，其中有 82.1% 的孩子偶尔做，有 14.3% 的孩子从来不做，有 3.6% 的孩子经常做，每个孩子平均每天只有 0.2 小时的劳动时间。

孩子不爱做家务，与家长的教育方式有关。有些家长说："不做家务最多变成懒虫，而分数上不去则成不了龙！"

有些家长认为，孩子的学习负担比较重，做家务就会耽误学习时间，所以，只要孩子成绩好，其他事情家长都可以不让孩子做。孩子习惯成自然，最后不做家务成了理所当然。

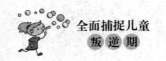
其实，做家务是家长给予孩子最好的教育方式之一。孩子做家务，可以发展孩子的动手能力和智力，包括他的观察力、理解力、应变能力及体能。

孩子每学会一项新的技能，能力和自信心便会向前迈进一步。而借着做家务，孩子也会有参与感、成就感和荣誉感，更重要的是，培养孩子对家庭的责任心和归属感，有利于培养他的独立自主能力。

对孩子来说，勤劳永远是成才的钥匙，永远是成才的第一推动力。具备了勤劳这种可贵的品质，就等于拥有了一半的成功。所以，做家长的一定要纠正孩子身上的懒惰恶习，培养他勤劳的美德。

应对之策

▲别让"心疼"变成"害"

一天，妈妈让林林把客厅的地板扫一下。林林正在看动画片，随口就冲着爸爸喊道："爸，快来扫地！"

爸爸疼爱女儿，当即拎着扫把前来"救阵"。林林看着爸爸劳动着，摆出一副心安理得的样子。

妈妈赶紧告诉爸爸："这样做不是疼女儿，而是害女儿。"他们私下约定，以后谁也不能任凭女儿"使唤"，孩子做家务的时候，家长都要找点事做，不能闲着，以免孩子心理不平衡。

之后，林林再央求爸爸帮忙的时候，爸爸便会指着手里的工作。林林使唤不动爸爸，自己的事情只好自己做。

做家务是孩子应尽的责任和义务，如果不把这个意识及早传达给孩子，而以"让孩子劳动就是让孩子吃苦"为借口包办一切，无疑是顺从孩子的惰性，让爱变成了伤害。

▲变奖励为激励

事例一：有一次，多多帮妈妈洗碗，妈妈一高兴，顺手给了女儿5元钱。次日，多多兴冲冲地跟妈妈抢着洗碗，末了手一伸，等着妈妈"赏钱"。

妈妈说："宝贝，你表现得这么好，我有更好的奖励要给你。"晚上，当着爸爸的面，妈妈表扬了多多一番。

后来，每逢家中有人来做客，妈妈总要将多多隆重介绍一番，刻意夸赞多多勤劳懂事，然后再"拜托"多多做一些力所能及的事情。多多爽快地答应了，而且不再跟父母索要报酬。

事例二：星期天，家里来了许多客人，明轩妈妈一直在厨房忙碌，爸爸在客厅招待客人。明轩却耐不住性子，冲妈妈嚷："妈妈，快来陪我玩！"

"妈妈忙着做饭呢，哪有时间陪你玩？"妈妈在厨房里回答。

明轩望着妈妈，有些失望。妈妈对明轩说："宝贝，要不你帮妈妈干点活吧？"

明轩一听，高兴地拿着小凳子，坐在厨房里帮妈妈剥蒜。

"明轩真乖！一会儿再看看客厅有几个人，然后帮妈妈摆好碗和筷子。"

明轩马上兴奋地到客厅数人："1、2、3、4……"这时，客厅里的所有人都拍手称赞："明轩好棒，都能帮妈妈做事了。"

明轩受到赞赏，干得更欢快了。

从这两个案例中可以看出，要培养孩子爱干活的习惯，光靠物质

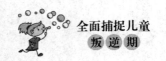
奖励是达不到目的的。物质或金钱等奖励，容易造成孩子的误解，即以为做家务就是为了挣钱，而不是自己应该承担的责任和义务。相反，通过精神鼓励，则能够起到培养孩子劳动积极性的作用。

▲锻炼持久力和耐力，与懒散行为作斗争。

小玫做事总不肯想办法，怕苦、怕烦。例如，她想吃糖果就得开糖罐，一下、两下打不开，就连糖也懒得吃了。做功课也一样，看了两遍题目没看懂就会放弃，等着爸妈来讲解——如果有参考书就更方便了，直接看答案了事。

对于孩子这种没耐心的问题，小玫妈妈不妨帮助她克服。例如，对于小玫开糖罐这件事，妈妈就要告诉她，糖罐不难开，无非是撕外包装有点麻烦，这并不需要高超的技巧，有耐心就可以了。

再如，做完作业，小玫常赖在沙发上看电视。这时，妈妈可以让她学习拼图，锻炼她的耐心。久而久之，小玫就不会无所事事了，"懒"病就会渐渐痊愈。

让劳动成为孩子的一种习惯，这样孩子才能在劳动中得到锻炼，健康成长。

▲让家务劳动变成快乐的游戏

妈妈做饭时，燕子爱跟进厨房，摸摸这、看看那，还恳求妈妈："妈妈，就让我来放盐吧！"妈妈将盛盐的勺子交到燕子手里，燕子接过勺子小心翼翼地走到锅边，将盐倒进了锅里，然后还学着妈妈的样子用勺子在锅里搅了搅。

吃饭时，燕子边喝汤边感叹："跟妈妈一起做的汤真好喝！"此后，燕子经常帮妈妈下厨，"妈妈，让我拿鸡蛋好吗？""当然好！"　"妈妈，我来帮你洗西红柿可以吧？"　"可以呀！"　"妈妈，我去剥蒜吧。"　"那就谢谢啦！"

等到饭菜端到桌上时，燕子宣布："今天的晚饭是我和妈妈一起做的。"说完，眼睛里流露出自豪的光芒。爸爸对燕子竖起了大拇指，说："真棒！咱家燕子长大了，可以和妈妈一起做饭了。"燕子受到表扬，情不自禁地欢呼起来。

从此，厨房成了燕子的第二乐园。

孩子爱做家务再好不过了，家长一定要全力支持。如果孩子没有做家务的积极性，就要想法调动起来。让孩子体验劳动的乐趣，是调动孩子劳动积极性的重要手段。

有时，家长让孩子做家务时可能他正在玩耍，如果强迫他劳动，他可能会不太情愿。这时，最好的办法就是利用孩子爱玩的特点，让劳动和游戏相结合，激发孩子对于劳动的兴趣。

对于上小学的孩子，可以让孩子玩"角色扮演"的游戏，告诉孩子："妈妈来当厨师，你来当服务生，现在请你把饭菜端出去，把碗筷摆放好。"那样，孩子就会感到做家务也很有趣。

对于上中学的孩子，可以让他当一天家长，给他一定的主导权，学会安排一天的饮食起居、料理好家务。

这样做的好处是，可以让孩子换位思考，懂得父母的不易，还能树立主人翁意识，明白家庭责任的内涵。

家长也不妨在劳动中主动跟孩子交流互动。例如，给上小学的孩子讲故事、唱儿歌、背古诗，让孩子在劳动的同时能够获得轻松、愉悦的情感体验，在说说笑笑中完成劳动任务。给上中学的孩子讲一讲

他感兴趣的事，可以跟他一起讨论，或者听他讲讲班里的事。

无论孩子说了什么，我们都要耐心倾听、分享孩子的心事，让孩子劳动、倾诉两不误，让孩子在劳动中得到情绪的释放。

观点归纳

① 支持孩子做家务，是培养孩子勤劳品质的第一步。

② 做家务是孩子的责任和义务，要从小引导孩子做家务。

③ 让孩子学会快乐地劳动，在劳动中享受乐趣。

4. 孩子不爱读书，这样引导效果好

程琳今年上小学四年级了，但她始终没有养成爱学习的习惯，妈妈知道是没人督促才造成了女儿学习上的松懈。为了孩子，妈妈毅然辞职，专门做了教育帮手，每天督促女儿做作业，然后检查女儿的功课，为女儿讲解难题。

就这样，程琳的学习成绩慢慢地有所进步。但妈妈心里很矛盾：自己辞去了收入可观的工作，仅仅是为了孩子的功课，这样做值不值？为什么别的孩子会那么自觉地学习，从不用家长操心呢？

案例分析

许多家长都有程琳妈妈这样的苦恼：孩子都八九岁了，却没有一点学习的主动性，总是被动应付着——家长逼他做功课，甚至要惩罚他，他才磨磨蹭蹭地打开书包。然而，一有空他又会拿出玩具玩，或打开电视看动画片。

因此，家长很担心：这样的孩子怎么能学习好呢？

其实，孩子不自觉学习有其客观原因。美国一位教育专家通过研究，发现了孩子缺乏主动学习的原因：这位专家用了13年的时间扫描了1800名青少年的大脑，结果表明，孩子大脑中负责组织想法、权衡行动的前额叶皮质区还未发育完全。因此，许多青少年无法预见行为的后果，比如好成绩对未来有什么帮助。由于缺乏内在激励机制，大多数孩子的学习主动性就变弱了。

培养孩子的学习自觉性，是让孩子今后独立学习的开始，也为他将来独立于社会打下基础。但好动、贪玩又是孩子的天性，怎样培养他学习的自觉性，是每一位家长都要解决的教育难题。

应对之策

▲开发孩子的兴趣源

多采上三年级时因学习成绩不好而厌学，后辍学在家。对此，多采爸爸没有抱怨，没有惩罚孩子，也没有求人托关系、找门路复学，而是注意发现孩子身上的闪光点，要全力点燃孩子的学习激情。

爸爸发现多采在家时，总是无聊地拆卸小闹钟，便觉得时机到来

了。他问多采："你有办法将闹钟重新组装起来吗？"

多采一脸的无奈。这时，爸爸仍然没有责怪，而是跟他商量要一起组装闹钟。多采高兴地答应了，然后，父子俩一起将闹钟重新弄好了，多采高兴得手舞足蹈。爸爸借机劝导说："孩子，动手能力可以帮你解决很多问题，为你增添生活的乐趣，你说对吗？"

多采一听，点了点头。此后，爸爸又教多采修理小家电。功夫不负有心人，因为多采懂得了学习的重要性，又在实践中尝到了乐趣，不但要求重新回到学校，而且对物理产生了浓厚的兴趣。高考时他还成了市里的物理状元，以优异的成绩考上了名牌大学。

兴趣能点燃一个人的激情。对有兴趣的事物，人们才会积极去做——成人是这样，小孩子也是这样。发现孩子的兴趣点，并积极引导和促成，一定能激活孩子内心的愿望，焕发他的学习动力。

▲让孩子自订目标及实现目标的方法

美国心理学专家米歇尔·惠特尼在《孩子，你开窍了》中建议：让孩子想想长期和短期目标，试着让他自己制订计划。不过，惠特尼同时建议，孩子可以自己决定什么时候执行或终止计划。

当然，家长要对孩子的计划进行约束，添上一些必要的条款，如每天按时回家、先做功课、学习时不得分心等。

"计划本身不是一定要让孩子达到某个目标，而是看他能否成功遵守计划，坚持到底。"惠特尼认为，"如果坚持下来，孩子就会感受到学习的主动权掌握在自己手中，并且让他看到自己有能力和信心达成目标，会激发出自发学习的主动性。"

▲让孩子体验到学习的喜悦

家长给孩子建议的目标要恰当，不能过高，这样孩子才能够保持学习的热情。

有位爸爸看见孩子学习成绩差，单元测验时数学只考了 56 分，就对孩子说："如果下次考试你能够拿到 90 分以上，我就奖励你100 元。"

对孩子来讲，这个奖赏当然很有吸引力，可是当他知道自己根本不可能取得 90 分时，就没有答应爸爸的提议。

成功是使孩子感到满足并愿意继续学习的一种动力，孩子一旦获得成功，就感到很满足，并愿意继续学下去。因此，家长应该鼓励、引导孩子，让他体验到成功的喜悦。

我们知道，手指有长短，每个孩子的智力、接受能力也有所不同。家长应该全面地去了解自己的孩子，根据孩子的具体情况，给他提出一些容易达到的小目标。

这样，孩子觉得容易做到，当他初步尝到成功的乐趣时，接着就会有信心去实现下一个目标。随着一个个小目标的实现，孩子就会不断取得进步。

▲耐心指导，循序渐进

松松经常不做作业，书写也很差。看到这种情况，爸爸向他讲了学习的重要性，还向他提出一个小目标：只要每天坚持做作业，就奖励一个小玩具。

松松坚持了一个星期，爸爸及时表扬了他，真的奖了一个小玩具，还鼓励他再努力把字写好些。松松为此很高兴。

有一次，爸爸发现松松的作业书写得比以前好了一些，就夸他有

进步。慢慢地，松松的字越写越好，在学校的作业书写检查评比中，由原来的"差"升到了"良"。

这个案例说明，家长对于孩子确立目标、建立学习方向的事情，要循序渐进，不能操之过急。所以，家长要耐心引导，具体帮助，使孩子体验到因为克服困难而获得成功的乐趣。

▲打击嘲弄是教育的大敌

陈晨写作业的速度比较慢，他经常被爸妈责骂。爸爸妈妈经常拿陈晨跟班上的优秀学生比，还经常在他面前流露出对他的不满。结果，这种做法伤害了陈晨的自尊心，使他自暴自弃，对学习失去信心，造成了恶性循环。

家长要注意自己的言行，一定要以一种积极的态度去看待孩子，相信孩子是可以变好的。当孩子写作业的速度比以前哪怕有一点点的进步时，家长都要给予适当的鼓励，让孩子意识到他是在慢慢改变。

家长还要学会拿孩子的现在跟以前比，而不要跟其他同学比，因为每个孩子都不同。家长除了在态度方面要注意外，在行动上也要做到对孩子的优秀行为及时强化，对孩子的不良行为适当惩罚。

当孩子没有完成作业时，千万不要给他预定的奖励。例如，要改变孩子写作业速度慢的问题，开始时家长可以跟孩子进行比赛："妈妈现在要处理公司的事情，你也做作业，看谁做得快。如果你做得快，妈妈可以让你看一会儿电视，玩自己喜欢玩的游戏。"

孩子都有一种好胜心，都很想赢，就会认真去做。当孩子没有完成作业时，家长绝对不能给孩子玩的机会，应该把孩子留在比较清静的房间里面做作业，直到做完为止，这也是对孩子行为上的惩罚。

另外，家长平时一定要仔细观察孩子最需要的东西、最爱好的活动是什么。当孩子有进步时，家长可以拿这些孩子需要的东西和爱好的活动作为一种强化物去刺激孩子，使孩子的优秀行为不断持续下去。

当孩子在家里的这些行为有了改变的时候，家长可以跟老师沟通，让老师在班级里给予鼓励和表扬，及时强化他的好行为。这样做，孩子就会更加上进。

▲让孩子自己选择学习方式

做到自觉，就必须自主，没有自主的自觉是不能长久的。因此，在孩子的学习方式上，家长应给予其充分的自主权，让孩子在一种适合他自身喜好的、轻松愉快的环境中去学习。

在孩子的学习过程中，家长可以只提出各种要求，具体细节让孩子自己去把握，更能激发孩子的学习自觉性，增强学习效果。例如，平时只要求孩子写字时坐姿要端正、做题时一定要细心、读书时要留心精彩词句的应用，以及用多长时间完成多少作业和练习等，而其他方面都应由孩子自己做主。

让孩子自己选择学习方式，学习就会成为一件快乐的事情。

▲多给孩子表扬和激励

家长要经常表扬和鼓励孩子，看到他的点滴进步就要让他尝到成功的喜悦。正确运用激励，可以使孩子的学习欲望倍增，起到事半功倍的效果。

当孩子在某一方面取得进步时，家长要及时表扬和鼓励，并激发孩子更高的学习积极性，使他向着更高的目标努力；多提供给孩子一

些展示的机会，让他在众人的夸奖和赞誉声中得到心理的满足，这样更会激发他的上进心。

妮妮写作业的时候，妈妈也在书房里，但在忙自己的事，看书、整理资料。当妮妮写完作业了，妈妈会检查，然后给她指出哪几个字写得好，哪几道题需要重新做。

有时，妮妮也要求妈妈陪着她写："妈妈，你坐在我的身边看着我写，行吗？"妈妈就告诉她："学习是你自己的事情，你认识越多的字，就可以看越来越多的书啊。再说了，妈妈也要学习和工作，我们最好不要互相打扰好不好？"

妮妮接受了这个建议。有时候，妈妈说句话或接听电话，她会立刻指出来："妈妈，你打扰我啦！"

遇到妮妮在写作业过程中产生的厌烦心理，妈妈会及时予以疏导。有一次，妮妮写作业写累了，把笔一扔，头伏在桌子上很不开心。妈妈张开双手，做小鸟飞翔的样子说："妮妮，像你这样的年龄应该像小鸟一样快乐呀！"

可是，妮妮根本不买妈妈的账，说："小鸟也不用写作业呀！"

妈妈说："可是，小鸟需要捉虫子，如果一天捉不到虫子，它就会挨饿呀！你认真写完作业，咱们开个家庭联欢会怎么样？要不，等会儿妈妈陪你一起玩橡皮泥好不好？"

现在，妮妮写作业时根本不需要妈妈在身边看着了，她把作业完成后，还会背诗歌、唱歌给妈妈听。

妮妮妈妈的教育方法，很值得我们学习。有的家长生怕孩子落后，孩子动作慢了一点，忍不住要催促；孩子做作业，忍不住要去指指点点；成绩差了几分，少不了要警告几句。

家长认为督促孩子愈多，孩子的进步就会愈快，但往往事与愿违——完全由家长支配的生活只会让孩子厌烦。有的家长更是有唠叨的习惯，那样孩子根本不可能形成积极的性格，很难进行主动思考。

因此，家长一定要学会长话短说，不能激发孩子上进心的话不说。更多的时候，以一种提醒、商量的口吻跟孩子说话，这样才能唤醒孩子的自我意识，促使孩子的自我管理能力得到发展。

▲订立规矩加以约束

孩子一般缺少自制力，如果放松管教，很可能就对学习松懈下来。如果不及早帮助孩子养成合理安排时间、自觉进行学习、乐观向上的习惯，影响的就不仅仅只是学习成绩了。

所以，家长最好跟孩子立一下规矩：课堂上的任务在课堂上完成，学校里的任务在学校里完成，今天的学习任务今天完成，应认真听课、积极发言、主动提问，多与同学交流讨论，回家后要先复习、再写作业、后预习。此外，家长要隔天检查一下孩子的听课笔记和作业本，并且经常跟老师保持联系。

观点归纳

① 兴趣是孩子热爱学习的前提，所以要千方百计地发现孩子的兴趣源。

② 表扬和鼓励是激励孩子热爱学习的动力，制订小目标，循序渐进很重要。

③ 尊重孩子的学习方式，不要强迫他。

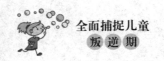
5. 孩子不主动做作业，这样支招出效果

东东的成绩在班上属于中等，有时中等偏下。他的缺点是从不主动学习，老师布置的作业，他总是匆忙、草率地完成，从不认真思考，一看就是抱着完成了任务就行的态度。

节假日在家里，东东心里装的是游戏和电视，没完没了地玩手机，家长不来制止，他不会主动结束。在学习上，他也需要家长监督，学习一会儿就不想再学了。

孩子如果不主动学习，成绩必然提不上去，对于东东的表现，家长很是操心。

案例分析

许多孩子每次做作业都需要家长陪着，否则就不主动去做——尤其是平时学习成绩不够理想的孩子，弄得家长既没时间做家务，又为孩子缺乏学习的主动性而着急。

孩子出现这种问题，家长其实是有责任的。孩子做作业有依赖性，在日常生活或其他方面也一定会有依赖。说到底，孩子不主动做作业，与他缺少独立性有关。

孩子不能独立的真正原因，是因为家长觉得孩子太小还不到独立的时候，于是就替孩子过度操心。例如，怕孩子迟到，每天帮他穿衣服、收拾书包，看到孩子吃饭动作太慢了就恨不得替孩子吃；时时不忘提醒孩子做这做那，事事为孩子想到前面，为他拟订各种计划，今天学这、明天学那，全然不管孩子的想法和意愿如何。结果是，家长精疲力竭，孩子也叫苦连天。

每个孩子都有自己的思想，他希望按照自己的想法行事。这种独立倾向，通常在孩子 9 岁左右就存在了，也就是小学四年级的学生一般都具备独立的意识。这个意识虽然是幼稚的，以致基本脱离不了父母为他设定的模式，但如果他并不太喜欢这个模式，有时也会按照自己喜欢的方式行事。

如果这时家长仍然处处加以保护，就连孩子力所能及的分内事也都包办的话，孩子的独立性就会受到阻碍，进而丧失处理事情、解决问题的机会与能力，形成依赖心理。这反映在做作业上，就是缺少积极主动的态度，依赖大人的督促或帮助才能完成。

应对之策

▲信任，让孩子更有信心

丁丁刚上一年级，由于年龄小，有一次老师布置的家庭作业他忘记做了，到学校后被老师批评。因为这件事，丁丁每次放学回家，妈妈都要再给老师打个电话，核实布置了哪些家庭作业。

有一个周末，妈妈问丁丁有哪些家庭作业，丁丁回了一句："你问老师吧。"

其实，妈妈对丁丁的不信任不止在这一方面。从上学开始，妈妈

每天都要检查丁丁的作业；每次考完试，妈妈都要亲自为丁丁把错题登记在错题本上，让他日后复习。这个习惯一直坚持到现在。

对此，妈妈觉得：现在的孩子都不愿意主动学习，怎么非要家长催着、逼着才肯学习呢？

家长的信任，对孩子自信心的树立有着至关重要的作用。由于家长的不信任，认为孩子处处做不好而事事越俎代庖，孩子怎么可能有信心呢？

这样的孩子，已经被剥夺了主动学习和做事的权利，他不只是学习不主动，而且在生活中也缺乏信心——他已经不属于自己了。

要想让孩子主动学习，就先要培养孩子的自信心。这就要求家长要放手，让孩子自己处理学习上的事情，自己对自己负责。

▲用孩子能实现的目标鼓励他

辉辉是个很聪明的孩子，许多难题一点就通，学习成绩在班上一直是前三名。可前段时间他出了点意外，胳膊骨折了，两个多月没去学校上课。当他返回课堂时，大家都学了许多新知识，他的成绩明显落后了很多。

有一天上数学课，老师让辉辉解析一道题，可他之前没学过，所以没有回答上来。老师虽然没有说什么，但辉辉的心里很难受。

回到家里，面对儿子泪汪汪的双眼，妈妈耐心地开导说："你落下了两个月的课程，暂时学不会很正常，只要你努力补习，一定能超过很多同学。"

在妈妈的鼓励和辅导下，辉辉补习了落下的课程，一个月后他的成绩又追了上来。老师都对他赞许有加。

有句话叫"跳一跳，够得着"，它很好地形容了学习目标的问题。对于学习目标而言，如果孩子不需要跳起来就够得着，或者怎么跳都够不着，那就失去了目标的意义。

▲让孩子自由支配业余时间

从静静上学开始，妈妈就坚守一个原则：不陪她写作业。而且，妈妈还告诉她：独立完成作业是一个学生最基本的要求。

就这样，静静开始独立写作业。刚开始，她做作业时常犯磨蹭的毛病，本来10分钟就能完成的作业，有时候需要花上半小时甚至更长的时间。

于是，妈妈告诉静静：妈妈不会给你布置额外的作业，如果你完成了课堂作业，剩下的时间就可以做自己喜欢做的事情。

有了这个承诺，静静学会了控制时间，做作业的效率大大提高，不用妈妈催促也能按时完成。

家长都有自己的事情要做，与其天天看着孩子写作业，劳神劳力，不如让孩子自己独立去写，放手会让孩子自己学会承担责任。

▲让孩子保持愉快的心情

让孩子保持心情愉快，就会读得进书，学习效率也高。当心情欠佳时，就难以读进去，效果也差。

哈佛大学嘉西尔德教授曾做过一个有趣的试验，他把51名学生分成两组，一组以愉快的方式上课，一组以不愉快的方式上课。三个星期后发现，在愉快气氛中上课的学生，大多数能记住较多的知识，并且持久不忘。而另一组学生，情况就差多了，他们很难记住学过的知识。

这项试验说明，心情能够制约读书的效果。也就是说，谁能有效地控制自己的心情，始终保持愉快、轻松的状态，谁就能提高学习效率。

孩子心情不好时，就要适当地调整原来的计划，让孩子把心中的小事尽快地处理完，不要一味地勉强孩子按计划去做。因为，当孩子心情不好时，特别是做他不爱做的事时，只会使他的心情更坏，收效更差。

▲共同制订约定

习惯的养成是需要时间的，我们不可能要一个依赖惯了的孩子一夜之间变得独立自主，因此，必须一步一步地慢慢引导。家长跟孩子沟通时，就可以以讨论的方式制订一个需要共同遵守的约定。

比如，你可以说："以后妈妈（或爸爸）每天陪你写作业30分钟，其余的时间你要自己写，我也可以利用这段时间做些别的事。如果你能做到的话，每个月末我就带你去看电影或去公园。"慢慢地，家长陪读的时间缩短，直到孩子最后不再需要陪伴也可以独自做完作业。

至于交换的条件，可以跟孩子讨论。同样，这种有条件的要求也要逐渐减少，直到不需任何附带的条件，孩子都愿意独自写完作业。

▲给孩子选择作业的自主权

老师和家长在安排孩子做作业时要有层次，也就是说，基础题必须做，但强化题不强求，让孩子自主决定做与不做。

例如，布置3～4套"弹性作业"，孩子自选一套，有的放矢，各取所需，避免成绩好的孩子做浅题，成绩不好的孩子做难题，保证做题的必要性和效果。

这种方式符合孩子争强好胜的心理特点，两道选做题激发了他的斗志，他会主动向选做题挑战，达到主动做作业的目的。

▲将时间分割成小块

低年级孩子的注意力是短暂的，持续时间一般约为 15 ～ 20 分钟。如果持续时间太长，大脑会疲劳，学习效率会变低，加之作业量大，他会感到做作业是漫长而痛苦的事。

家长可以把时间化整为零，分割成三四段。比如，估计要用 1 小时完成的作业，把时间分成三个"20 分钟"，每个"20 分钟"一结束就休息 5 ～ 10 分钟。由于每次写作业的时间短，还有"短期终极目标"作为激励，孩子做起作业来感觉有盼头，就会在规定时间内集中精力去写。

▲少催促，多表扬

孩子做作业慢时，很多家长喜欢不停地催促。结果，越催促，孩子的动作越慢，家长就越生气。

其实，这应该反过来，随时观察孩子在生活中的表现，及时发现孩子快的一面，当孩子一旦速度快了，要马上表扬。例如，"今天你做作业的速度比昨天快了 5 分钟。"孩子快的时候进行表扬，慢的时候则可以装作看不见，故意淡化它，让孩子不断意识到自己确实比以前快了。

▲克服孩子做作业爱拖延的习惯

明明今年上三年级，他最大的毛病是拖延成性，不管是弹钢琴、做功课还是吃晚饭，他都要求"过一会儿再说"。

有一天晚上，明明弹过钢琴后开始做作业，当时是 8 点半，可到

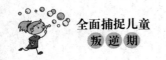
了 10 点钟还没有写完作业。眼看明明又要耽误睡觉时间了，妈妈只好帮他做功课。没想到，这导致他觉得"拖延有理"，越来越爱拖延了，就是因为觉得妈妈会帮他收拾残局。

面对这样的情况，做家长的要下狠心，你可以提醒孩子，如果这样拖拖拉拉，时间会不够用。提醒过后，依然"袖手旁观"，让他独自承受拖延的后果。这个后果，要么是牺牲睡眠时间去完成作业，要么是第二天带着未完成的作业去上学。

如果孩子被这一结果搞得不知所措，边赶作业边哭，甚至央求妈妈帮忙。记住，这时候千万不要心软——孩子只有亲自品尝拖延的后果之后，才知道预先分配时间的重要性。而且，下一次你帮他制订一个简单的计划，敦促他马上开始时他才会听你的。

观点归纳

① 尊重孩子自己的学习方式，不要过分督促他。

② 想要孩子克服爱拖延的习惯，要让他明白不做作业的后果。

③ 多激励，少训斥，针对孩子的问题慢慢去改变。

6. 别让孩子在吃苦的年纪选择安逸

珰珰从小就喜欢跳舞，跟随音乐随意踏出的舞步都充满了韵味。

于是，从珰珰 5 岁时起，妈妈就给她报了舞蹈兴趣班。可是，才学了两三个月，珰珰就不肯再去了，因为"压腿很痛"就放弃了跳舞。

不久，舞蹈学校来幼儿园物色跳舞的苗子，选中珰珰和另外一个孩子。可珰珰死活不肯参加，她说："我只喜欢画画，我不跳舞。"妈妈说了一大堆跳舞的好处，她反而哭了起来，只说因为怕痛。

对于这个怕吃苦的女儿，妈妈真是拿她没办法。

案例分析

苦，包括学习中的苦和生活中的苦。

怕吃苦是一些孩子身上的通病，有些孩子在生活中遇到一点挫折就怨天尤人，唯一能想到的办法就是逃避。个别孩子因为各种理由退学，其实也是一种逃避吃苦的表现。

有些孩子在考试中一遇到难题就想绕着走，作业稍微有点难度就不写了，成绩下降了首先想到的是放弃。这些都是怕吃苦的表现。

温室里长不出参天大树，要想花棚里的花朵不过早凋谢，就要移到庭院中，给其足够的空间。也就是说，做家长的不要让孩子一直在自己的庇护下成长，而是要让他勇敢地尝试大自然里的风霜雨雪，只有这样他才能学会自立自强。

应对之策

▲设置生活障碍，让孩子去体验

现实生活中，家长不妨设置一些障碍让孩子体验一下挫折，让他面对困难时增强心理承受能力，这对他今后的成长是有好处的。

例如，让孩子适当地做家务，打扫卫生、煮饭、洗碗、清理房间等，以锻炼孩子的动手能力和养成热爱劳动的习惯；再给予精神鼓励，以调动孩子的劳动积极性；还可以让孩子参加社会实践活动，如体验农村生活、参加夏令营等。

▲孩子上学，让他自己去

阿芬要上小学了，妈妈只在报名当天带着她去了趟学校。开学第一天，妈妈告诉她："好好记着路，以后上学、放学就要自己走了。"

阿芬很惊讶地看着妈妈，说："啊？全靠我自己呀！"

妈妈说："对。学校离咱家不到两站地，放学时你跟着少先队过马路，然后就沿着人行道走。这点小事，妈妈相信你一定行！"

就这样，小学6年的时间，妈妈只接送过阿芬这么一次。

后来，阿芬带着爸爸妈妈的牵挂独自去了国外留学。一周后，她第一封电邮告诉妈妈：刚到这里有点不适应，但我有信心。一个月后，她则称：一切好转，学习甚忙。半年后，她发来的电子邮件铺满"鲜花"：祝贺我吧，成绩全优。

放假时，阿芬没回来，说要去打工挣学费。妈妈告诉她：不必太苦自己，家里可以尽力提供经济支持。

阿芬却回复："我出国留学的费用对你们的压力也很大，我努力争取前两年自己挣一半的生活费，从第三年开始自己养活自己。"

那一刻，爸爸妈妈真的为女儿感到骄傲。

许多家长低估了孩子的能力，他并不是想象中的那般脆弱。待孩子到了一定的年龄后，只要教一些防范知识，完全可以放手让孩子独立去上学。平时，让离校近的孩子尽量步行，稍远的可以结伴搭乘公交车。

撒手让孩子自己去上学，就是还给孩子一个健康自由的成长空间。

▲支持孩子"闯荡人生"

《白雪公主》《海的女儿》等经典童话故事的创作者是丹麦著名童话作家安徒生。相信不了解安徒生的人，肯定认为他取得的一切成就都归功于先天的才华。其实，除了天赋，安徒生的家人给予他的理解和支持，才是造就他这个童话作家的关键。

少年时的安徒生并不热爱写作，爸爸去世以后，妈妈和奶奶都希望他学一门手艺养活自己。奶奶觉得他可以去当文书，妈妈觉得他可以学裁缝或木匠。不过，这些都不是安徒生喜欢的职业，他想要成为一名演员。

妈妈和奶奶考虑再三，决定尊重安徒生的选择，让他自己去开创人生。就这样，安徒生独自来到哥本哈根去拜访一位著名的舞蹈演员，希望可以成为他的学生。可舞蹈演员婉言拒绝了他的请求。

一次失败并没有打消安徒生当演员的念头，他又去拜访剧团经理，希望能获得一次表演机会。但经理觉得他太瘦了，根本当不了演员，果断地拒绝了他。为了生计，他跟着一个木匠当学徒，但木匠嫌他干不了重活儿也把他辞退了。

一心想从事演艺事业的安徒生又去拜访音乐学院的教授，说他想学唱歌。教授觉得他声音好听，以后很有可能成为歌唱家，就答应了他的请求。可事与愿违，没过多久安徒生患了一场重感冒，他的嗓子坏了，再也不能当歌唱家了。

后来，皇家歌剧院发现安徒生有写作才能，就送他去学校读书，练习写作。结果，又因为校长的指责和嘲讽，他不得不离开了学校。

这些坎坷的经历并没有击垮安徒生的意志，他租了一间廉价的小阁楼，每天刻苦复习功课，考进了哥本哈根大学，最后创作了影响一代又一代孩子的经典作品。

安徒生的成功固然来自他的天赋和执着，但与他的奶奶、妈妈和继父的支持有着密不可分的关系。正是因为亲人的信任和支持，使他可以勇敢地面对自己的人生。

做家长的不妨大力支持和鼓励孩子，告诉他：在家长的保护之下永远成不了才，只有去社会中闯荡，才能成为适应社会的强者。

观点归纳

① 从小让孩子独立做事，不妨对孩子"狠"一点。

② 不要过度关注孩子，不参与他自己能做到的事。

③ 有条件的话，主动让孩子吃吃苦，这对他的人生很有意义。

④ 舍得让孩子出远门，让他在社会的大熔炉里去接受洗礼，成就才干。

7. 凡事都要与孩子商量

岳越喜欢收集三国英雄卡，于是就不停地买干脆面，然后不停地吃干脆面，从不认真吃主餐。妈妈本来想警告和批评他，但爸爸没同意，爸爸想用商量的方式解决这个问题。

一个周末，中午吃饭的时候，岳越像往常一样没吃几口就不想吃了，只是坐在一边。爸爸问："你真的不想吃了吗？"

岳越"嗯"了一声，眼睛盯着爸爸，可能是担心爸爸会发火或惩罚他。

爸爸说："你现在不想吃也可以，但晚餐要到 7 点钟呢。在下午的时间里，你不能吃其他东西，你能不能做到？"

"那我现在继续吃饭呢？"岳越觉得等到晚上 7 点再吃饭，间隔的时间的确有些长。

"那最好了。"爸爸肯定地说，"中午吃饱了饭，下午你就不需要再吃干脆面了。"

岳越没再说什么，显然他理解了爸爸的意思。

案例分析

英国教育家斯宾塞说过，对孩子要少下命令，命令只有在其他方

式不适用或失败时才有用，商量的好处，就是学会站在别人的角度来思考问题。两代人的沟通，最重要的是相互尊重、相互理解，而方法就是学会商量。

在与人交流时，掌握协商技巧非常重要。协商能够让对方感受到尊重，而受尊重则是人们高层次的需要。一旦这种需要无法获得满足，人们就会产生沮丧、失落等负面情绪。

孩子也是这样，如果家长事事用协商的口气跟孩子沟通，孩子无疑会乐意与之交流；如果不是用协商而是用强迫的口气，孩子则会产生逆反心理。

所以，在不能满足或不应满足孩子时，我们不能简单粗鲁地拒绝："不行！""不准你去！"或在孩子不同意家长的要求时，采用命令的方式："这事就这么决定了！"

愿意和喜欢跟孩子协商，这是民主型家长的特征。在一个民主氛围浓厚的家庭里，受到家长的影响，子女无疑也会养成凡事协商的习惯。

应对之策

▲商量多一些，命令少一些

常常用商量的语气跟孩子沟通，孩子觉得你尊重他、关心他的感受，他就会对你产生好感和信任，这无疑有利于亲子关系的和谐。所以，不管涉及到孩子的什么事，家长都要注意自己的口吻。

例如，提醒孩子做作业时，可以说："你现在是不是该做作业了，做完作业就可以看会儿电视。"而不是命令道："赶紧去做作业。""还不去做作业呀！"请孩子帮忙做事时，你可以说"能帮我把碗洗一下吗"，而不要说"快帮我洗碗去""赶紧把碗洗了"。

▲凡事多征询孩子的意见

阿珠学习好，很是活泼好动。一个周末，她要跟同学出去玩一天，爸爸觉得有其他同学的家长陪同就同意了她的请求，但要求她必须在下午3点之前赶回家。可是，阿珠和同学一时玩得尽兴，直到天黑以后才回到家。

在女儿没有回家之前，爸爸焦急的心情是可想而知的。但这位爸爸没有立即责备阿珠，而是尝试着跟她沟通一下。

阿珠已经知错了，正等着挨骂，没想到爸爸心平气和地说："知不知道你的失约让我和妈妈多么着急啊？但这不是你的错，我跟你同学的妈妈提前说好了回家的时间，那位妈妈没有守约，过后爸爸会跟她沟通这个事情。你先去吃饭吧。"

阿珠没想到爸爸没有责怪自己，而是给她留了面子。后来，她主动要求饭后帮助妈妈洗碗，作为对这件事情的反思。打那以后，阿珠再也没有发生过不按时回家的情况。

这位爸爸用巧妙的方式，把惩罚的对象给了当事人，既不失惩罚的目的，也保全了孩子的面子，真是一个两全其美的办法。事实证明，只有通过征求孩子意见的方式进行教育，才能让孩子理解、信任、承诺的重要性。

而有些家长教育孩子的方式，就是斥责、说教，无论事情大小、是否关乎孩子本身，都不征求孩子的意见，一味地替孩子做主，这样肯定起不到好的效果。

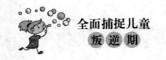
▲总是监管，不如让孩子自己做决定

放学后，妈妈等了好久才看见女儿走出校门。妈妈迎上前去，责备道："南南，放学这么久了你才出来，害得妈妈等了这么长的时间！"

南南却一脸兴奋地说："妈妈，我去参加学校合唱队的选拔赛了，我今天的表现不错，我打算加入学校的合唱队！"

妈妈一听，没有南南期望的那样高兴，反而抱怨起来："南南，你怎么不跟妈妈商量一下就擅自做主？你也不想想自己的成绩，哪里有时间参加跟学习无关的活动啊？明天你就告诉老师，说你不参加了！"

南南望着妈妈，不敢再说什么。第二天，她只好告诉老师，放弃参加合唱队的打算。然而，即使没有参加合唱队，南南的学习成绩仍然没有提上来。

家长总是以孩子决策人的面目出现，认为孩子还小不能事事做主，就把孩子的主动权掌握在自己手里。

其实，随着孩子自我意识的日益增强，他会自然而然地产生自我支配的欲望，并且这种欲望会越来越强。如果忽视了这个特点，家长貌似为孩子好而做的一切决定，实则会影响孩子个性的健康发展，导致孩子丧失独立思考的能力，形成依赖的习惯，甚至引起逆反心理。

观点归纳

① 涉及孩子的事，要跟孩子商量着办，不要越俎代庖。

② 做决定时要听取孩子的意见，体验孩子的感受。s